# As Sete
## Igrejas

"No dia do Senhor achei-me no Espírito
e ouvi por trás de mim uma voz forte, como de trombeta,
que dizia: 'Escreva num livro o que você vê e envie a estas sete igrejas: Éfeso,
Esmirna, Pérgamo, Tiatira, Sardes, Filadélfia e Laodiceia.'
Voltei-me para ver quem falava comigo. Voltando-me,
vi sete candelabros de ouro e entre os candelabros alguém
'semelhante a um filho de homem',
com uma veste que chegava aos seus pés
e um cinturão de ouro ao redor do peito."
(Apocalipse 1:10-13)

Dr. Jaerock Lee

# As Sete
# Igrejas

As Sete Igrejas por Dr. Jaerock Lee
Publicado por Livros Urim (Representante: Seongkeon Vin)
361-66, Shindaebang-Dong, Dongjak-Gu, Seul, Coréia do Sul
www.urimbooks.com

Os textos das referências bíblicas foram extraídos da Bíblia de Nova Versão Internacional (NVI), salvo indicação específica.

Publicado em coreano por Livros Urim, Seul, Coreia em 2007

*Primeira Edição em Julho de 2013*

Editado por Geumsun Vin
Design criado pelo Editorial da Livros Urim
Para mais informações, entre em contato: urimbook@hotmail.com

# Prefácio

Dou toda glória e graças a Deus Pai por nos permitir publicar este livro – *As Sete Igrejas* – que contém o Seu amor e o segredo para os últimos dias.

Durante sete anos de minha vida tive muitas doenças e não me restava outra saída senão a morte. Contudo, pela graça de Deus, fui curado de todas as minhas enfermidades e comecei a ter uma vida cristã. Naquela época, eu tinha um sonho. Queria me tornar um excelente ancião na igreja, ajudando os pobres e desfavorecidos e fazendo obras missionárias, a fim de retribuir a graça de Deus. No entanto, Deus me chamou para ser pastor e me deu o dever de pregar o evangelho a todos os povos.

Desde quando abri a igreja em 1982, seguia o exemplo das igrejas primitivas, que foram estabelecidas pelos apóstolos depois da ressurreição e ascensão do Senhor. Concentrei-me nas orações e no evangelismo. Como resultado, existem mais de 120.000 membros e 10.000 igrejas nossas em todo o mundo que são uma com a matriz e têm pregado o evangelho até os confins da terra. Entre os discípulos e crentes das primeiras igrejas, muitos haviam testemunhado sinais miraculosos e maravilhas e até mesmo a própria ressurreição e ascensão do Senhor Jesus. Aquelas pessoas estavam cheias de graça, verdade e do Espírito, e passaram a ter uma fé imensa, tornando-se a pedra angular da missão mundial mesmo sob grandes perseguições. Enfim, o Cristianismo se tornou a religião do Império Romano – o evangelho que começou em Israel foi espalhado a todo o mundo e está voltando para Israel novamente.

Hoje, mesmo entre os crentes, são muitos os que perderam seu primeiro amor. Seu crescimento espiritual estagnou-se e sua fé é morna. Há também muitos que não creem completamente no Deus Soberano. Esses não reconhecem Jesus como o Cristo e negam as obras do Espírito Santo. Com o passar dos dias, existem mais e mais igrejas que param de se reunir e cedem ao mundo.

O apóstolo João pregou o evangelho mesmo sob severas perseguições do Império Romano, sem se importar com a sua vida. Ele foi exilado na ilha de Patmos e lá ele recebeu as revelações do Senhor.

*"Escreva, pois, as coisas que você viu, tanto as presentes como as que acontecerão. Este é o mistério das sete estrelas que você viu em minha mão direita e dos sete candelabros: as sete estrelas são os anjos das sete igrejas, e os sete candelabros são as sete igrejas"* (Apocalipse 1:19-20).

Na Bíblia, o número 7 é o número da perfeição. Portanto, aqui não são somente as sete igrejas de Éfeso, Esmirna, Pérgamo, Tiatira, Sardes, Filadélfia e Laodiceia; mas uma referência a todas as igrejas que são estabelecidas no tempo do Espírito Santo.

A carta do Senhor no livro de Apocalipse é para todas as igrejas que já existiram até hoje; é como uma sinalização para elas e um resumo de toda a palavra de Deus contida no Velho e Novo Testamentos.

Ela também possui informações de como fazê-las ser igrejas agradáveis aos olhos do Senhor, e eu creio que esta mensagem voltará a despertar muitas igrejas de hoje.

Agradeço ao Geumsun Vin, diretor de editorial, e a todos aqueles que contribuíram com essa publicação. Oro, em nome do Senhor, para que todos os leitores possam ansiar por Sua volta e se adornar como Suas noivas.

*Jaerock Lee*

# Abrindo a Porta para
## *As Sete Igrejas*

A ilha de Patmos está localizada nas águas claras e azuis do Mar Egeu e, com as casas brancas às suas margens, forma uma linda vista. Este é o lugar onde o apóstolo João foi exilado e recebeu muitas revelações sobre os últimos dias, inclusive as mensagens para as sete igrejas.

O apóstolo João foi um dos doze discípulos de Jesus. Ele pregou o evangelho em lugares como Pérgamo e Esmirna. Foi preso pelo Imperador Domiciano e sentenciado à morte. Ele foi jogado em óleo quente, mas não morreu, pois Deus estava com ele. Na providência de Deus, foi exilado para a ilha de Patmos.

Naquele tempo, a ilha de Patmos era um lugar de exílio, geralmente político. Era um lugar quieto e solitário, muito bom para orar a Deus e ter profunda comunicação com Ele. João se concentrou em orações dentro de uma caverna em uma ponta da ilha, onde recebeu revelações de Deus e as registrou.

Para se receber esse tipo de revelação, a pessoa precisa ser guiada por anjos e seus olhos espirituais têm de estar abertos com a inspiração do Espírito Santo. Assim, Deus havia refinado João antes, para que ele se tornasse um homem espiritual perfeito,

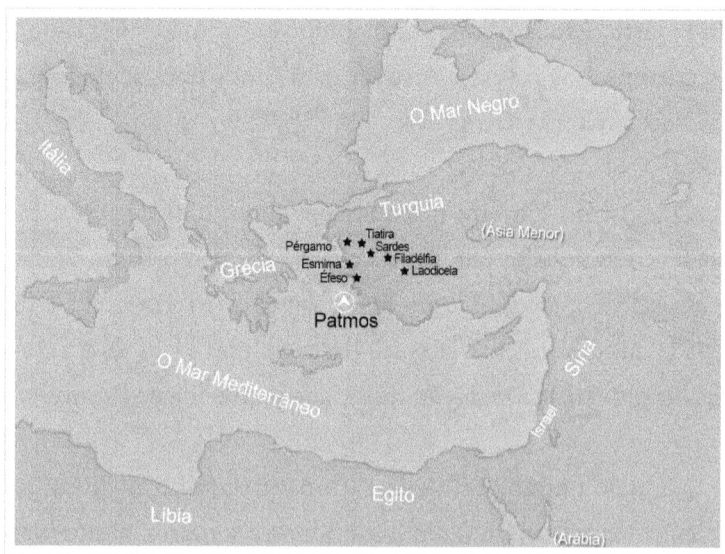

isto é, um homem perfeitamente santificado e cheio de verdade. João já havia sido chamado de 'Filho do Trovão', mas com o refinamento de Deus, ele mudou completamente e chegou a ser chamado de apóstolo do amor. Ele orou tanto que a pele da sua testa se endureceu.

As mensagens para as sete igrejas estão em forma de cartas e dão uma grande lição tanto para elas como aos crentes de hoje em dia. Podemos entender como é a igreja ideal, que pode ser louvada por Deus. As igrejas de Éfeso, Esmirna, Pérgamo, Tiatira, Sardes, Filadélfia, e Laodiceia representam todas as igrejas deste mundo.

As lições para as sete igrejas não são apenas uma estória na história, mas uma profunda mensagem do Senhor, que sempre quis despertar as igrejas. Embora digam amar ao Senhor intensamente, existem muitas igrejas que estão precisando olhar para si mesmas e ver se estão seguindo por um caminho que vai trazer reprovação e censura do Senhor.

Nos jogos, há competições individuais e em times. O mesmo acontece na fé. No Dia do Julgamento, não será julgado apenas cada indivíduo, mas também cada igreja. Nessa hora, cada igreja poderá ser premiada ou não, de acordo com o resultado de sua avaliação.

O pastor, isto é, o cabeça de cada igreja, também será julgado não apenas por sua fé individual, mas também como pastor. Ele será julgado severamente de acordo com o modo como ele pastoreou o rebanho que lhe foi confiado. Pastores devem obviamente seguir a vontade do Senhor, guiando sua igreja e rebanho como cabeças da igreja, estabelecida em nome de Jesus Cristo. Do contrário, será difícil suportar o julgamento.

Tiago 3:1 diz: *"Meus irmãos, não sejam muitos de vocês mestres, pois vocês sabem que nós, os que ensinamos, seremos julgados com maior rigor."* Da mesma maneira, se o pastor guia o seu rebanho para verdes pastos e águas tranquilas, levando-o para boas moradias no reino celestial, ele receberá honra e recompensas incomparáveis.

Portanto, as mensagens para as sete igrejas são um clamor do Senhor a todos os ministros e crentes de todas as igrejas do mundo. Para que os filhos de Deus vivam corretamente, as igrejas também precisam viver corretamente. É por isso que o Senhor enviou o Seu pleito às igrejas e ministros.

*"Aquele que tem ouvidos ouça o que o Espírito diz às igrejas."*

# Conteúdo

# Capítulo 1

# Igreja de Éfeso

## - Repreendida por Ter Abandonado o Primeiro Amor

A idolatria era uma prática aceita e muito presente em Éfeso. O Senhor louvou seus crentes por sua perseverança, por não tolerar homens maus e por colocar à prova e achar falsos aqueles que se chamavam de apóstolos, mas não eram. Ele os elogiou por tudo que suportaram por amor a Seu nome e por não terem se sentido desgastados. No entanto, o Senhor os repreendeu por terem abandonado as coisas do primeiro amor e os encorajou a se arrependerem para que voltassem às obras e ações que tinham inicialmente.

Hoje, existem igrejas que começam com fervor e orações intensas e apaixonadas, mas ao crescerem se tornam gradativamente arrogantes e sua paixão e amor esfriam. Essa mensagem à Igreja de Éfeso é dada a todas as igrejas que se encontram nessa situação.

"Ao anjo da igreja em Éfeso escreva: Estas são as palavras daquele que tem as sete estrelas em sua mão direita e anda entre os sete candelabros de ouro. Conheço as suas obras, o seu trabalho árduo e a sua perseverança. Sei que você não pode tolerar homens maus, que pôs à prova os que dizem ser apóstolos, mas não são, e descobriu que eles eram impostores. Você tem perseverado e suportado sofrimentos por causa do meu nome, e não tem desfalecido.

Contra você, porém, tenho isto: você abandonou o seu primeiro amor. Lembre-se de onde caiu! Arrependa-se e pratique as obras que praticava no princípio. Se não se arrepender, virei a você e tirarei o seu candelabro do lugar dele. Mas há uma coisa a seu favor: você odeia as práticas dos nicolaítas, como eu também as odeio.

Aquele que tem ouvidos ouça o que o Espírito diz às igrejas. Ao vencedor darei o direito de comer da árvore da vida, que está no paraíso de Deus."

# A Carta do Senhor à Igreja de Éfeso

"Ao anjo da igreja em Éfeso escreva: Estas são as palavras daquele que tem as sete estrelas em sua mão direita e anda entre os sete candelabros de ouro" (Apocalipse 2:1).

Em maio de todo ano havia uma festa em Éfeso para a deusa Ártemis, a deusa da prosperidade. Éfeso está localizada no oeste da costa da atual Turquia, e ali, naquela época, existiam várias instalações para os mercadores e pessoas vindas da Síria, Índia, Arábia e Egito. A cidade era muito próspera e era o maior centro comercial do Leste.

O evangelho de Jesus Cristo havia sido plantado na cidade de Éfeso através de viagens missionárias do apóstolo Paulo e não foi conhecido só entre os crentes, mas espalhado até mesmo àqueles que adoravam a deusa Ártemis.

## Obras de Fogo do Espírito Santo Foram Reveladas na Igreja de Éfeso

Um dia, enquanto o apóstolo Paulo estava pregando o evangelho na Ásia, ele foi a Éfeso. Lá ele encontrou alguns discípulos e lhes fez uma pergunta: *"Vocês receberam o Espírito Santo quando creram?"* Eles responderam: *"Não, nem sequer ouvimos que existe o Espírito Santo"* (Atos 19:2).

O apóstolo Paulo fez-lhes outra pergunta: *"Então que batismo vocês receberam?"* (Atos 19:3)

Paulo então pregou ousadamente o evangelho àqueles que não tinham conhecido a Jesus Cristo claramente. *"O batismo de João foi um batismo de arrependimento. Ele dizia ao povo que cresse naquele que viria depois dele, isto é, em Jesus"* (Atos 19:4).

No fim, eles aceitaram Jesus Cristo através de Paulo e receberam outro batismo. As incríveis obras do Espírito Santo vieram sobre eles assim como em outras igrejas primitivas. Eles receberam o Espírito Santo, falaram em línguas e profetizaram.

Depois, Paulo pregou o evangelho por três meses na sinagoga de Éfeso. Alguns o criticaram com corações endurecidos e mentes fechadas e, assim, ele deixou o lugar e foi pregar na escola de Tirano.

Enquanto Paulo pregava o evangelho, Deus fazia obras extraordinárias através de suas mãos. Quando lenços ou aventais que haviam encostado nele eram levados aos doentes, doenças eram curadas e demônios iam embora. Esta notícia se espalhou por toda Éfeso, e muitos judeus e gregos passaram a crer em Jesus Cristo.

Então, ourives e artífices de Éfeso, que faziam miniaturas de prata do templo de Ártemis, sentiram que seu negócio estava ameaçado e tentaram matar Paulo. Sua preocupação era que as pessoas deixassem de adorar a Ártemis e se convertessem a Jesus Cristo.

*"e estão vendo e ouvindo como este indivíduo, Paulo, está convencendo e desviando grande número de pessoas aqui em Éfeso e em quase toda a província da Ásia. Diz ele que deuses feitos por mãos humanas não são deuses. Não somente há o perigo de nossa profissão perder sua reputação, mas também de o templo da grande deusa Ártemis cair em descrédito e de a própria deusa, adorada em toda a província da Ásia e em todo o mundo, ser destituída de sua majestade divina"* (Atos 19:26-27)

Quando os ourives levantaram um tumulto com profissionais de ocupações semelhantes às suas, iraram-se o bastante para fazer confusão em toda a cidade. Tentaram capturar Paulo e aqueles que estavam com ele pregando o evangelho. Contudo, mesmo sob perseguições, através da viagem missionária de Paulo, a igreja foi finalmente estabelecida em Éfeso.

## O Senhor que Tem as Sete Estrelas em Sua Mão Direita

O Senhor é quem está escrevendo a essa Igreja de Éfeso. Na primeira parte da carta é mencionado o remetente e o destinatário. Ela foi enviada ao anjo da Igreja de Éfeso por Aquele que tem as sete estrelas em Sua mão direita.

Aqui, 'anjo' se refere a um mensageiro ou uma pessoa que faz a vontade de seu mestre, e isso é uma referência ao pastor que está pastoreando a Igreja de Éfeso. Aquele que tem as sete estrelas em Sua mão direita é Jesus Cristo.

Jesus veio à terra para a salvação da humanidade pecadora. Ele veio para derramar Sua água e sangue em uma crucificação brutal. Ressuscitou, abriu o caminho da salvação e ascendeu ao Céu. Agora, Ele está preparando moradias para os filhos de Deus no reino dos céus, até que a providência da cultivação humana esteja completa.

Quando o tempo de Deus chegar, o Senhor voltará nos ares e levará Consigo os cidadãos celestiais. Ele também virá como o Juiz.

E qual é a razão pela qual o nosso Senhor é referido como

"Aquele que tem as sete estrelas em Sua mão direita e Aquele que anda entre os sete candelabros de ouro"? (v.1)

Para a maioria das pessoas, a mão direita tem mais força que a mão esquerda. A mão direita simboliza poder e força, e as estrelas representam homens. A segunda parte de Apocalipse 1:20 diz: *"as sete estrelas são os anjos das sete igrejas,"* e assim, as sete estrelas se referem aos pastores das sete igrejas.

Dizer que o Senhor está segurando as sete estrelas em Sua mão direita significa que Deus, com o Seu poder, segura os pastores e servos a quem Ele escolheu. Através deles, Deus é glorificado com a manifestação de curas divinas, obras de milagre e ao dar bênçãos que transcendem os limites do tempo e espaço (Marcos 16:17-20; Atos 19:11-12), que são evidências do Deus vivo.

Em Mateus 16:18, Jesus disse a Pedro: *"E eu lhe digo que você é Pedro, e sobre esta pedra edificarei a minha igreja, e as portas do Hades não poderão vencê-la."* Como dito, os pastores e igrejas selecionados e estabelecidos por Deus não podem ser destruídos pelo demônio ou qualquer outra coisa ou pessoa.

Logo, se alguém julga e condena uma igreja e um pastor que estão na mão direita do Senhor, esse alguém está julgando e condenando o próprio Senhor.

## O Senhor Anda Entre os Sete Candelabros

Lemos que o Senhor anda entre os sete candelabros de ouro. Espiritualmente, o ouro simboliza a fé imutável; e os candelabros, a igreja. Candelabros de ouro se referem a igrejas que são estabelecidas pela fé no Senhor, igrejas que são compradas pelo sangue de Jesus e são o corpo de Cristo. O número sete significa perfeição. Os 'sete candelabros de ouro' se referem a igrejas que são estabelecidas no nome do Senhor.

As velas nos candelabros se referem aos crentes. Assim como velas, quando são acesas, são luz em meio às trevas, quando as igrejas, que são uma reunião de crentes, são cheias do Espírito e vivem na verdade, elas também são luz. Se tivermos uma fé verdadeira, viveremos na luz de acordo com a palavra de Deus. Através de igrejas com esse tipo de crente, muitas pessoas sairão da escuridão para a luz e alcançarão a salvação.

O Senhor, andando entre os sete candelabros, significa que Ele está movendo em todas as igrejas estabelecidas por Deus e olhando para elas com Seus olhos de fogo.

Dizer: 'Aqueles que têm as sete estrelas em Sua mão direita e anda entre os sete candelabros de ouro' significa que aquelas igrejas que foram estabelecidas em nome do Senhor e aqueles pastores a quem Ele segura com o Seu poder serão um padrão de julgamento depois.

Hoje, existem muitas igrejas e pastores que pregam a palavra de Deus, mas nem todos os ensinamentos são verdade. Só verdadeiros servos de Deus, reconhecidos por Ele, podem pregar Sua vontade verdadeira e precisa, e o padrão de julgamento. Além do mais, não são todas as igrejas que cumprem o seu dever como arcas de salvação. No fim dos tempos, somente aquelas igrejas que o Senhor tem em Sua mão é que conseguirão cumprir esse dever. Por fora, parecerão ter sido estabelecidas em nome do Senhor, mas é possível que o Senhor não esteja realmente com muitas delas.

No Julgamento Final, não apenas como o indivíduo levou sua vida cristã na terra, mas também a que igreja ele pertenceu será um padrão de julgamento. Portanto, esse fato é muito importante. Obviamente, a salvação é baseada no relacionamento que cada um tem com Deus, mas a igreja da qual participamos e o tipo de pastor que temos representarão uma grande influência em nossas vidas.

Por exemplo, sem conhecer muito bem a verdade, se um pastor da igreja de alguém julga e condena o pastor de outra igreja, então, os membros da primeira igreja também podem julgar e condenar o pastor da segunda igreja e ela própria. Nesse caso, apesar de provavelmente eles não terem más intenções, o fato não passará despercebido no Dia do Julgamento.

Desse modo, devemos ter a consciência de como a nossa igreja e pastor nos influenciam.

Se o cabeça da igreja leva muitas almas ao caminho da morte, seu castigo será muito grande. Da mesma forma, se o pastor guia o rebanho confiado a ele a verdes pastos e águas tranquilas, levando-o a boas moradias celestiais, ele receberá grandes recompensas e honra.

O Senhor que tem as sete estrelas em Sua mão direita e anda entre os sete candelabros de ouro está observando cada aspecto e atitude das igrejas com Seus olhos de fogo.

## As Igrejas de Hoje que São como a Igreja de Éfeso

Uma vez que a mensagem às sete igrejas é universalmente aplicável a todas as igrejas do mundo, independente de onde ou quando existem ou existiram, podemos achar exemplos de igrejas hoje que se encaixam em cada um dos tipos das sete igrejas.

O Senhor deu a Sua palavra a igrejas, como a igreja de Éfeso. Muitas igrejas acham que fizeram muito no reino de Deus, mas a verdade é que há um número surpreendente de igrejas que perderam seu primeiro amor e não conseguiram recuperá-lo.

De fato, Deus deu a Sua palavra em relação a uma igreja específica. No início daquela igreja, os membros tentaram viver na verdade por um momento e suportaram todas as coisas, até mesmo perseguições, por amor ao nome do Senhor. Eles tinham o fervor do primeiro amor, eram unidos em oração, mesmo quando perseguidos e tentavam cumprir a vontade de Deus com o melhor de si.

Eles tentavam chegar a níveis espirituais mais profundos, a palavra da verdade de Deus era pregada e tentavam diligentemente fazer o reino de Deus crescer. Deus agradava deles e os abençoava. A igreja aumentava a cada dia, seus membros eram abençoados e obras de cura aconteciam.

À medida que a igreja ganhava estabilidade e era reconhecida por outras igrejas, ela começava a se transformar. A influência era enorme.

Se eles tivessem mudado de caminho no momento em que abandonaram o primeiro amor e começaram a mudar, eles poderiam tê-lo recuperado. Todavia, eles já estavam tomados pelo orgulho de ter realizado tanto. Enfim, o orgulho virou arrogância no pensamento de que o próprio Deus os estava reconhecendo.

Agora, eles chegaram a um estado em que julgam, condenam e criticam outras igrejas. Por causa do orgulho que têm, por serem reconhecidos por outros, chegam até a julgar e condenar outras igrejas, dizendo que elas e seus pastores são heréticos.

A palavra de Deus nos fala para nunca julgarmos ou condenarmos as pessoas. Dessa maneira, devemos saber discernir as coisas com a palavra de Deus, mas sem deixar que a arrogância cubra nossos olhos e nos faça cegos. Além disso, nenhum servo de Deus ou pastor que estão na mão direita do Senhor através de obras poderosas de Deus devem ser julgados por padrões pessoais e individuais que não são corretos.

Os membros da igreja não tinham mais o desejo de se sacrificar ou suportar as coisas pela palavra. Oravam cada vez menos e, ao invés de seguirem a vontade de Deus, queriam desfrutar do que já haviam conquistado. Aparentemente, a igreja parecia ainda estar em crescimento, mas o fervor e fidelidade cheia de entusiasmo que eles possuíam por dentro tinham, na verdade, desaparecido.

E assim é também com a fé dos indivíduos. Depois que uma pessoa aceita o Senhor, enquanto a paixão do primeiro amor é mantida, ela não perde nenhuma reunião de oração ou campanha de evangelismo e, de boa vontade, assume vários deveres na igreja. Contudo, com o passar do tempo, ela já deixa de ser tão entusiasmada com seus deveres e, por fim, não quer mais cumpri-los. Pode ser que ela mude suas obrigações ou, segundo sua própria vontade, ela abandone tudo o que havia assumido.

É claro que a situação é diferente de quando uma pessoa tem muitos deveres e tenta ter tudo sob controle. Ela não muda suas obrigações só porque não quer cumpri-las. Aquele, cujo primeiro amor esfriou, como ainda tem fé, vai aos cultos e reuniões de oração, mas o fervor que tinha antes já não existe mais e o seu crescimento pessoal na fé fica estagnado.

## A Causa Fundamental de Se Tornar como a Igreja de Éfeso

Quando as pessoas começam a perder seu primeiro amor, apesar de relutarem, sentem-se apreensivas e incomodadas. Sentem a necessidade de fazer algo em relação a isso, mas com o passar do tempo, seus corações ficam dormentes a esse sentimento e, eventualmente, perdem a sensibilidade para ele. Tanto para indivíduos como para igrejas, a razão principal de abandonar o primeiro amor e ficar como a igreja de Éfeso é uma fé com raízes superficiais.

Árvores com raízes profundas não são facilmente abaladas. Da mesma forma, se tivermos raízes profundas de fé na palavra de Deus e na oração, não seremos sacudidos em situação alguma. Identificamos nossos erros todos os dias pela palavra de Deus e mudamos nossos corações com orações. Assim, não há como perdermos a plenitude do Espírito Santo. Com a plenitude do Espírito, não teremos nada preocupando nossos corações.

Alguém pode parecer crer em Deus, pregar o evangelho aos outros e orar, mas como não tem uma raiz de fé profunda, não tem o fruto substancial do avivamento e nem tem evidências de que é amada por Deus. Logo, sua mente pode mudar facilmente. Agora, ela simplesmente quer se comprometer com a realidade da situação. Não há progresso em suas crenças, mas regresso.

Devemos, portanto, discernir o atual e real estado da nossa fé e rapidamente nos arrependermos e convertermos. Caso contrário, Deus diz que tirará o candelabro do lugar dele (Apocalipse 2:5) – a graça de Deus e o Espírito Santo irão para outras igrejas, para que seus crentes cumpram Sua vontade e providência.

Assim sendo, com a mensagem dada à Igreja de Éfeso, devemos checar a nossa fé individual e de diferentes grupos de dentro da igreja para determinar o que pode ser louvado e o que será reprovado pelo Senhor.

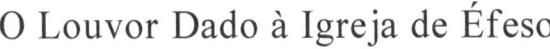

# O Louvor Dado à Igreja de Éfeso

"Conheço as suas obras, o seu trabalho árduo e a sua perseverança. Sei que você não pode tolerar homens maus, que pôs à prova os que dizem ser apóstolos, mas não são, e descobriu que eles eram impostores. Você tem perseverado e suportado sofrimentos por causa do meu nome, e não tem desfalecido" (Apocalipse 2:2-3).

Nas cartas às sete igrejas, vemos que o modo como o Senhor lida com cada igreja é diferente. Seu elogio e repreensão variam de igreja para igreja; em algumas Ele faz os dois, em outras Ele só repreende e, em outras, só louva. Há ainda uma outra que Ele só aconselha; sem repreender ou louvar.

Se aprendermos com esse exemplo do Senhor, lidando com as

sete igrejas, podemos aconselhar os outros gerando um efeito positivo. Antes de o Senhor repreender a Igreja de Éfeso, Ele primeiro louvou seus pontos bons, para depois admoestá-los por suas falhas.

Quando tentamos fazer com que alguém se dê conta de seus erros, se primeiro o repreendermos para depois elogiá-lo, seu coração já terá se fechado com a admoestação e o elogio não será eficiente. Ao louvar os pontos positivos primeiro, podemos fazer com que a pessoa abra o seu coração e, depois, se apontarmos as coisas que precisam ser mudadas, ela aceitará com uma atitude mais positiva.

Então, se alguém não tem nada a ser louvado, é melhor não reprová-lo. Nesse caso, ele perderá toda a aparente força e desistirá. É o tipo de situação em que é mais sábio aconselhar em amor, sem nenhuma reprovação. Vejamos, pois, detalhes de elogios que o Senhor deu à Igreja de Éfeso.

## A Igreja de Éfeso Perseverava em Agir Segundo a Verdade

Primeiro, o Senhor os elogiou por perseverarem na prática da verdade. O pastor e crentes da Igreja de Éfeso tentavam viver pela palavra de Deus, livrando-se de tudo o que não era certo, coisa por coisa, segundo a verdade.

Na palavra de Deus, há geralmente quatro tipos de ordens: faça, não faça, guarde e livre-se/despoje-se de certas coisas. Por exemplo, há coisas como 'Ame', 'Perdoe', 'Não inveje', 'Guarde o Sábado', 'Despoje-se de todas as formas de mal', etc. A fim de colocar todas as palavras da verdade em prática, precisamos de perseverança.

Por exemplo, a palavra de Deus nos diz para nos lembrarmos do Sábado e guardá-lo. Assim, aos domingos, temos de ir à igreja e adorar a Deus em espírito e em verdade. O entretenimento mundano, a compra e venda de coisas e o comércio são proibidos. Para guardarmos a palavra que nos diz para orarmos continuamente, assim o fazemos diligentemente.

Mas hoje, quantas igrejas podem realmente ser louvadas por guardar a palavra de Deus? Hebreus 10:25 diz: *"Não deixemos de reunir-nos como igreja, segundo o costume de alguns, mas procuremos encorajar-nos uns aos outros, ainda mais quando vocês veem que se aproxima o Dia."* No entanto, desejando ter uma vida cristã confortável, tais reuniões estão desaparecendo em muitas igrejas.

Hebreus 12:4 diz: *"Na luta contra o pecado, vocês ainda não resistiram até o ponto de derramar o próprio sangue."* Ele está nos falando para lutarmos contra os nossos pecados a ponto de derramar sangue. 1 Coríntios 4:2 diz: *"O que se requer destes encarregados é que sejam fiéis."* Apocalipse 2:10 diz: *"Seja fiel até a morte."*

Para nos livrarmos dos pecados e maldade do nosso coração, precisamos lutar a ponto de derramar sangue. Para sermos fiéis ao nosso dever até a morte, precisamos, obviamente, de perseverança e paciência. Se pensarmos que estamos lutando contra nossos pecados diligentemente e que somos fiéis, não deveremos nos dar por satisfeitos dizendo para nós mesmos: "olha só o tanto que nós já fizemos"!

2 Coríntios 10:18 diz: *"pois não é aprovado quem a si mesmo se recomenda, mas aquele a quem o Senhor recomenda."* Temos de ser reconhecidos pelo Senhor. Isso não quer dizer, todavia, que devemos nos despojar dos nossos pecados e sermos fiéis só para sermos elogiados. Mesmo depois que fazemos o nosso melhor, devemos ser capazes de confessar que apenas cumprimos com o nosso dever. Temos de ter o coração de um servo desmerecido.

Só assim é que podemos ser igrejas e crentes a quem o Senhor elogia realmente. Foi porque a Igreja de Éfeso realmente fazia de tudo para praticar a verdade e perseverava que o Senhor pôde louvá-la dizendo: "Conheço as suas obras, o seu trabalho árduo e a sua perseverança" (v. 2).

## A Igreja de Éfeso não Tolerava Homens Maus

Depois, o Senhor elogiou os membros da Igreja de Éfeso por não tolerarem homens maus. Alguns podem interpretar mal a palavra de Deus e dizer: "A igreja tem que amar todo mundo e, assim, devemos aceitar mesmo aqueles que cometem pecados."

É claro que, no Senhor, temos de perdoar setenta vezes sete e ser pacientes com os outros até eles mudarem, mas isso não quer dizer que deixaremos aqueles que estão caindo seguir por um caminho de morte por causa de pecados.

Se os filhos seguem por um caminho errado e seus pais os amam, estes não continuarão perdoando-lhes somente. Eles não pouparão a vara de seus filhos e não os mimarão, mas os corrigirão sempre que necessário. É o mesmo com o Senhor. Deus não tem absolutamente nada de trevas e Ele é santo. Ele não aceita nada que é mau.

1 Coríntios 5:11-13 diz: *"Mas agora estou lhes escrevendo que não devem associar-se com qualquer que, dizendo-se irmão, seja imoral, avarento, idólatra, caluniador, alcoólatra ou ladrão. Com tais pessoas vocês nem devem comer. Pois, como haveria eu de julgar os de fora da igreja? Não devem vocês julgar os que estão dentro? Deus julgará os de fora. "Expulsem esse perverso do meio de vocês."*

Não podemos entender mal essas palavras. Elas não querem dizer que temos de ficar longe dos incrédulos ou isolar os recém-convertidos. Entretanto, se alguém com título de diácono ou algum ancião da igreja que deveria ter fé comete tais pecados, não devemos nos associar a eles, mas expulsá-los da igreja.

Jesus nos disse para perdoar setenta vezes sete (Mateus 18:22), mas por que Ele então nos diz para não perdoar a essas pessoas, mas expulsá-las do nosso meio? O Senhor é cheio de amor.

Mesmo quando alguém peca, se a pessoa se arrepende e muda de caminho, o Senhor tem misericórdia da pessoa e perdoa-lhe.

No entanto, se a pessoa não muda de posição, mesmo sabendo que está pecando, isso quer dizer que o seu coração está bastante endurecido. Essa pessoa receberá mais obras de Satanás e fará coisas cada vez piores. No fim, ela terá causado grande dano à igreja também.

Igreja é lugar de salvar almas e aumentar o reino de Deus, segundo a Sua vontade. Mas, por causa dessas pessoas, ela é prejudicada. Se simplesmente deixarmos essas pessoas agirem da forma como estão agindo, o mal se espalhará e infectará outras como fungo em pão. É por isso que o Senhor está dizendo para expulsarmos essas pessoas do nosso meio. Entretanto, isso não significa que temos de fazê-lo diante do primeiro pecado delas.

## Como Aconselhar um Irmão que Pecou

Mateus 18:15-17 nos diz: *"Se o seu irmão pecar contra você, vá e, a sós com ele, mostre-lhe o erro. Se ele o ouvir, você ganhou seu irmão. Mas se ele não o ouvir, leve consigo mais um ou dois outros, de modo que 'qualquer acusação seja confirmada pelo depoimento de duas ou três testemunhas'. Se ele se recusar a ouvi-los, conte à igreja; e se ele se recusar a ouvir também a igreja, trate-o como pagão ou publicano."*

Se um irmão da fé fez algo errado, não devemos espalhar aos outros, mas aconselhá-lo com um coração amoroso. Se ele mudar de posição de primeira, ele não seguirá por um caminho de morte e isso significa que ele pode ser salvo. Contudo, se ele não nos der ouvidos, devemos dizer a mais duas pessoas superiores a nós na igreja para aconselharem-no.

Se ainda assim ele não escutar, cumprindo a ordem, devemos pedir aos pastores que chamem aqueles que consideram mais experientes e maduros dentro da hierarquia da igreja, para aconselhá-lo com a palavra de Deus ou, se necessário, reprová-lo, para que ele se converta de seus pecados. Se mesmo assim ele não lhes der ouvidos, Deus nos diz para o considerarmos como pagão ou publicano. Se deixarem esse indivíduo continuar fazendo o que quiser, ele fará com que outros membros da igreja também pequem e gerará um grande problema para ela.

Não é que Deus não tenha amor. Ele nos diz para não tolerarmos os homens maus na igreja por causa da maioria de almas ao seu redor e para fazer com que a igreja seja santa. Esta foi comprada pelo sangue do Senhor e é o corpo de Cristo.

Algo que precisamos manter em mente aqui é que o nosso conselho a um irmão na fé não terá utilidade alguma se nós mesmos não vivermos na verdade. Se não vivemos na verdade, mas aconselhamos outro irmão, dizendo: "Irmão, Deus odeia pecados. Regozije-se sempre, ore continuamente e dê graças," isso pode ter repercussões negativas.

Jesus disse em Mateus 7:3-5: *"Por que você repara no cisco que está no olho do seu irmão, e não se dá conta da viga que está em seu próprio olho? Como você pode dizer ao seu irmão: 'Deixe-me tirar o cisco do seu olho', quando há uma viga no seu? Hipócrita, tire primeiro a viga do seu olho, e então você verá claramente para tirar o cisco do olho do seu irmão."*

Antes de darmos conselho a uma pessoa, devemos primeiro nos livrar de nossa própria maldade e não ter nenhum sentimento de inverdade dentro de nós. Só então é que podemos aconselhar alguém. Quando preenchermos esses requerimentos, a pessoa não se sentirá ofendida e não haverá mal-entendidos. O conselho será aceito com alegria.

Em 1 Pedro 1:16 Deus nos ordenou a sermos santos, porque Ele é santo. Temos uma razão clara para sermos santos. Deus deu o Seu único Filho, Jesus Cristo, como sacrifício, para nos redimir de nossos pecados. Ele também deu o Espírito Santo aos crentes para que eles possam se despojar de seus pecados e viver na luz. Então, como Deus pode permitir maldade na igreja, que é o corpo de Cristo?

O que acontece, na verdade, é que existem muitas igrejas hoje que não repreendem ou controlam as coisas más, praticadas dentro delas. Elas simplesmente ignoram ou toleram essas coisas. As pessoas temem que aconselhar ou admoestar os membros seja o mesmo que apontar seus pecados e isso faça com que eles saiam da igreja. Há também quem sofre a influência de afeição carnal ou dó e quem se compromete com riquezas e autoridade, tolerando homens maus na igreja.

Mas qual é o papel da igreja? É ensinar os filhos de Deus a viverem na verdade e levar o maior número de almas possível ao reino dos céus. O pastor e líderes precisam ensinar severamente sobre as coisas que são pecaminosas diante de Deus e levam os crentes à morte, para que eles possam se livrar de seus pecados. Eles também precisam encorajar e aconselhar os membros da igreja, com amor, a se despojarem de seus pecados e terem vidas santas.

## A Igreja de Éfeso Colocava à Prova e Revelava Falsos Mestres

Depois, os membros da Igreja de Éfeso foram louvados por colocarem aqueles, que se chamavam apóstolos, mas não eram, à prova e viram que eram impostores. Aqui, 'apóstolo' não se refere aos doze discípulos de Jesus, ou ao apóstolo Paulo; mas é um termo genérico, referindo-se a todos aqueles com títulos e obrigações na igreja.

Na igreja de hoje, existem muitos títulos como anciãos, ministros, diaconisas sênior e diáconos. Entretanto, independente de eles terem realmente fé ou não, só por frequentarem a igreja por algum tempo, alguns simplesmente recebem algum título.

Mesmo que recebamos ótimos títulos e muitos deveres, se Deus não nos reconhecer, tudo será em vão.

Ainda que recebamos títulos pelo longo tempo que temos de igreja ou por aparência, se não formos reconhecidos por Deus, somos apenas apóstolos que se dizem apóstolos, mas na realidade não o somos. Então, o que significa que eles, a igreja de Éfeso, punham à prova aos que se diziam apóstolos, mas eram impostores?

Por exemplo, suponha que um pastor ensine às pessoas de sua igreja a se livrarem dos pecados e da maldade e viverem segundo a palavra de Deus. Os membros que tiverem fé, receberão essa palavra com um 'Amém' e obedecerão a ela. Vemos em Hebreus 4:12 que, quando a palavra de Deus é viva e eficaz e mais afiada que qualquer espada de dois gumes, ela penetra até o ponto de dividir alma e espírito, juntas e medulas, e as pessoas podem, então, ver o que não está de acordo com a verdade, se arrepender e mudar de atitude.

Entretanto, aqueles que endurecem o coração, não se converterão mesmo depois de ouvir a palavra de Deus; e, se sentirem que sua maldade será revelada, enganarão outros membros da igreja, falarão mal do pastor e sairão da igreja. A falsidade daqueles que se diziam apóstolos, mas não eram, será revelada.

Mesmo entre pastores, há quem se diz apóstolo, mas não

é. Como pastores, eles julgam e condenam outras igrejas ou pastores com a própria palavra de Deus. Eles mesmos ficaram cegos e estão guiando o rebanho pelo caminho errado. Esse foi o caso dos sacerdotes, fariseus e escribas.

Em Mateus, capítulo 23, Jesus chamou-os de 'guias cegos' e os repreendeu dizendo: *"Assim são vocês: por fora parecem justos ao povo, mas por dentro estão cheios de hipocrisia e maldade."*

Deus, às vezes, permite que testes aconteçam na igreja para revelar esse tipo de falsidade. Durante essas provações, a igreja pode enfrentar muita perseguição e passar por muitas dificuldades.

Por exemplo, quando Estêvão apontou para os pecados e maldade de pessoas más, seus corações se ofenderam e eles o apedrejaram até a morte. Semelhantemente, homens maus, quando têm seus pecados ou identidade revelados, eles revelam também a maldade de dentro deles. Assim, quando Deus permite que testes revelem aqueles que se dizem apóstolos, mas não o são, aqueles cuja fé é fraca podem perder sua fé também.

No entanto, aqueles com uma fé genuína não são abalados em nenhuma situação. Assim como o solo fica mais firme depois da chuva, a fé dessas pessoas se firma mais e a sua bondade ainda aumenta através de testes. Além do mais, depois que passam nos testes, não apenas os indivíduos provados, mas toda a igreja recebem as bênçãos de Deus.

## A Igreja de Éfeso Não Desfaleceu e Suportou Sofrimentos por Causa do Nome de Senhor

Em quarto lugar, o Senhor elogiou a Igreja de Éfeso por sua perseverança e pelos sofrimentos que suportava por amor ao nome do Senhor, sem desfalecer. Quando ouvimos a palavra de Deus e achamos pecados em nós através da mensagem, devemos nos arrepender, tentar mudar de posição e viver pela palavra de Deus.

Entretanto, às vezes, quando algumas pessoas têm seus pecados apontados, enquanto ouvem a palavra de Deus, elas ficam insolentes e criam algumas tribulações. Pastores verdadeiros, no entanto, suportam até esse tipo de pessoa. Eles oram com lágrimas e, abraçando-as com amor, continuam ensinando a palavra a elas, para que não caiam em caminhos de morte.

Moisés subiu ao monte sozinho, jejuando 40 dias, para receber os Dez Mandamentos de Deus. Enquanto isso, o povo de Israel fez um ídolo e o adorou. Aquilo foi um grave pecado. Deus se irou e ia destruir os israelitas completamente, mas Moisés orou com lágrimas em favor deles (Êxodo 32:31-32).

O apóstolo Paulo foi espancado e aprisionado, enquanto

pregava o evangelho. Ele sofreu muito, mas suportou tudo com perseverança, por amor a Jesus Cristo. O pastor da Igreja de Éfeso também perseverava em amor ao nome do Senhor e não tinha desfalecido. Por isso o Senhor o elogiou.

Se um pastor desfalece e fica preguiçoso, ele não ora e, dessa forma, não consegue proteger seu rebanho na batalha espiritual contra o inimigo, o Diabo. Esse pastor também não consegue trazer ovelhas perdidas de volta.

Só quando o pastor é diligente é que ele consegue tomar conta do rebanho e cumprir seus deveres. Também hoje, para ganhar o elogio do Senhor, a igreja e o pastor precisam agir dessa forma.

Especialmente no fim dos tempos, em que o mundo está cheio de pecados, é preciso muita perseverança e paciência para guiar um rebanho ao reino celestial. Embora ensinemos a verdade e mostremos as evidências pelas quais as pessoas podem crer, ainda vemos algumas com amizade com o mundo e habitando nas trevas. Mesmo assim, temos de orar por elas com lágrimas de luto. Temos de estar sempre em alerta para cuidar das almas. Temos de tomar conta delas com muito amor, sem desfalecer ou ficar preguiçoso.

Hoje, mesmo entre crentes, existem pessoas que distorcem a verdade. Em nome do conhecimento e da harmonia, elas se comprometem com as tendências mundanas. Assim, existem muitas coisas que precisamos suportar por amor ao nome do

Senhor. Se temos uma fé verdadeira no Senhor, suportaremos tudo com alegria e ações de graças, independente do teste ou provação. Não nos desfaleceremos, mas oraremos diligentemente e cumpriremos todos os nossos deveres.

# A Repreensão do Senhor à Igreja de Éfeso

"Contra você, porém, tenho isto: você abandonou o seu primeiro amor. Lembre-se de onde caiu! Arrependa-se e pratique as obras que praticava no princípio. Se não se arrepender, virei a você e tirarei o seu candelabro do lugar dele" (Apocalipse 2:4-5).

A Igreja de Éfeso foi louvada por sua perseverança e por trabalhar arduamente para praticar a verdade, sem tolerar homens maus, revelando falsos apóstolos e suportando sofrimentos por amor ao nome do Senhor, sem desfalecer. No entanto, a Igreja de Éfeso também tinha coisas pelas quais foi repreendida.

## A Igreja de Éfeso Abandonou o Primeiro Amor

Éfeso foi elogiada pelo Senhor, mas depois foi advertida severamente, de que o seu candelabro seria removido de seu lugar pelo Senhor, pois havia abandonado o primeiro amor e perdido suas primeiras obras. Por que a Igreja de Éfeso precisou receber essa advertência?

João 14:21 diz: *"Quem tem os meus mandamentos e lhes obedece, esse é o que me ama. Aquele que me ama será amado por meu Pai, e eu também o amarei e me revelarei a ele"*. 1 João 5:3 diz: *"Porque nisto consiste o amor a Deus: em obedecer aos seus mandamentos. E os seus mandamentos não são pesados."*

O pastor e os membros da Igreja de Éfeso amavam a Deus e lutavam contra os pecados para se despojarem deles no princípio. Eles tentavam viver pela palavra de Deus, labutavam e obtinham vitória com alegria e ações de graças, mas com o passar do tempo, foram se distanciando da verdade.

Até que eles acabaram perdendo seu primeiro amor. Pararam de tentar se reunir e pararam de orar. Não mais tentavam viver pela verdade, mas voltaram para o mundo.

A maioria das pessoas, ao ter seu primeiro encontro com Deus e receber o Espírito Santo, fica cheia da alegria abundante da plenitude do Espírito. As pessoas se reúnem em vários cultos e tipos de reuniões de oração, tentando sempre orar continuamente. Por acreditarem na existência do céu e do inferno, elas também pregam o evangelho aos seus irmãos e irmãs, parentes e vizinhos; sentem-se alegres ao gastar tempo com seus irmãos na fé. Esperam ansiosamente pelos domingos e não veem a hora de ouvir a palavra de Deus.

Mas em um momento, com o esfriar do seu primeiro amor, mesmo quando vão aos cultos, elas deixam de adorar em espírito e em verdade. Não só no culto, mas também em seu tempo de oração elas acabam dormindo. Não têm mais a força para lutar e se livrar dos pecados, acabam se comprometendo com o mundo e voltam a se manchar com o pecado novamente.

Como está a nossa fé nesse momento? Por que não nos lembrarmos das emoções do primeiro amor, quando recebemos o Espírito Santo e nossos corações ficaram cheios de uma felicidade inexplicável? Ao lembrar do tipo de coração que tínhamos no princípio, quantos de nós podemos realmente dizer que o primeiro amor não esfriou ou mudou? Até agora, não achávamos que era natural perder o primeiro amor?

O Senhor, todavia, repreende o fato de perder o primeiro amor. Além disso, Ele nos diz: "Lembre-se de onde caiu! Arrependa-se e pratique as obras que praticava no princípio" (v. 5). Precisamos ver onde começamos a perder nosso entusiasmo inicial, nos arrepender e mudar de posição, se quisermos voltar novamente a praticar as obras e sentir o fervor e plenitude que tínhamos no princípio.

## Por que as Pessoas Abandonam o Primeiro Amor

Um homem e uma mulher se amam muito e se unem em casamento. Contudo, com o passar do tempo, mudam de ideia, isto é, abandonam seu primeiro amor. Se eles simplesmente o mantiverem, seu relacionamento será bom o tempo todo e não haverá problemas.

O mesmo acontece com o nosso amor a Deus, o Senhor. Alguns dizem que caíram em provações por causa de atitudes de seus irmãos na fé. Outros dizem que começaram a faltar aos cultos algumas vezes para ganhar dinheiro nos domingos, e agora está difícil guardar o Dia do Senhor. Há ainda outros que falam que tiveram um problema com o pastor, ou que caíram em provações porque duvidaram da mensagem pregada.

Todavia, a razão principal por que perdemos nosso primeiro amor é que voltamos a praticar e aceitar as inverdades das quais estávamos nos livrando. Ainda que estejamos cheios do Espírito agora, se olharmos para o mundo de novo e começarmos a nos comprometer com as coisas mundanas, poderemos ir para o mundo de novo.

*"Não amem o mundo nem o que nele há. Se alguém ama o mundo, o amor do Pai não está nele. Pois tudo o que há no mundo — a cobiça da carne, a cobiça dos olhos e a ostentação dos bens — não provêm do Pai, mas do*

*mundo"* (1 João 2:15-16).

A pessoa pode ter circuncidado seu coração diligentemente com a plenitude do primeiro amor, mas depois de alguns anos, ela pode achar que não saiu do lugar espiritualmente. Provações assim devem ser vencidas; caso contrário, a pessoa poderá ver formas de maldade, que achava ter se livrado, reaparecendo em seu coração.

Então, o coração poderá ficar aflito ou oprimido e ela poderá achar que precisa de um descanso de todo esforço que vinha fazendo, tentando obter conforto ou descanso com coisas carnais do mundo. Ela pode querer só um pouco daquele conforto ou descanso, mas ao seguir as tendências do mundo por um par de vezes aqui e ali, ela acaba retrocedendo aos caminhos mundanos completamente.

## "Tirarei o Seu Candelabro do Lugar Dele"

Questões espirituais nunca podem ser resolvidas com métodos mundanos. Quando a fé de uma pessoa tem o crescimento desacelerado e para, ela precisa saber que a forma de resolver o problema é espiritual. Ela precisa orar mais intensamente diante de Deus, trazer a graça e a força do alto e receber a ajuda do Espírito Santo.

Para tal, temos de nos lembrar do ponto onde caímos, nos arrepender e mudar de posição. Temos de quebrar o muro de pecado que foi criado com o abandono do primeiro amor e com a perda das primeiras obras. Só então seremos capazes de receber força e graça para voltarmos a correr. Não devemos simplesmente nos arrepender, mas rasgar nossos corações em arrependimento.

'Deus Pai deu o Seu único Filho por mim. O Senhor tomou a cruz por mim e passou por tantos sofrimentos e zombaria para demonstrar o Seu amor por mim. Como posso ter abandonado Sua graça e amor?'

Esse tipo de arrependimento tem de vir do fundo do nosso coração, e precisamos colher seu fruto. Temos de ficar cheios do Espírito e recuperar a vida cristã apaixonada que tínhamos outrora.

O Senhor está repreendendo a igreja de Éfeso que abandonou seu primeiro amor e diz aos membros para se arrependerem. Caso contrário, Ele tiraria seu candelabro do lugar. 'Candelabro' aqui se referindo à igreja, e essa frase tem dois grandes significados.

Primeiro, 'tirar o candelabro do seu lugar' quer dizer que o Senhor tirará o Espírito Santo do coração de cada indivíduo.

1 Coríntios 3:16 diz: *"Vocês não sabem que são santuário de Deus e que o Espírito de Deus habita em vocês?"* Nosso corpo é templo de Deus. 'Tirar o candelabro do lugar' é remover a igreja, o corpo de Cristo. Assim, significa que o Senhor removerá o Espírito Santo dos corações.

Deus disse: *"Não apaguem o Espírito"*, (1 Tessalonicenses 5:19) e *"Se alguém destruir o santuário de Deus, Deus o destruirá; pois o santuário de Deus, que são vocês, é sagrado"* (1 Coríntios 3:17). Deus diz que Ele destruirá o homem, se ele destruir o Seu templo. Isso significa que se Deus tirar o Espírito Santo de nós, não poderemos mais ser o Seu templo.

Depois que recebemos o Espírito Santo, se perdemos o primeiro amor e temos uma vida de pecado, de amizade com o mundo, o Espírito Santo não pode tomar nosso coração como santuário e habitar em nós. Se nos arrependermos e mudarmos de atitude antes que Ele se apague, Deus nos dará a graça de uma nova chance. Contudo, se não nos arrependermos, não nos convertermos e acabarmos ultrapassando o limite da justiça de Deus, o Espírito Santo é retirado de nós.

Mas até que a pessoa chegue a esse ponto, o Espírito Santo já vai ter feito com que a pessoa se dê conta de tudo várias vezes. Por causa da tristeza do Espírito Santo, ela sentirá o problema e terá preocupação, ansiedade e incômodo no coração. Através da palavra de Deus, Ele lhe dará a chance para se arrepender, mas se ela não o fizer e o Espírito Santo lhe for tirado, então, naturalmente, Ele não poderá ajudá-la mais. Como ela tem conhecimento da verdade, pode tentar voltar atrás, mas como não tem mais a ajuda do Espírito Santo, não consegue se arrepender.

Ao invés de se arrepender, ela tentará sentir conforto com coisas mundanas carnais. Quando alguém chega a esse ponto, é muito difícil voltar. Sem o sacrifício do amor, que vai além da justiça de Deus, essa pessoa não terá outro destino senão a morte eterna. Portanto, todos os filhos de Deus que receberam o Espírito Santo jamais devem chegar a esse tipo de situação.

Segundo, tirar o candelabro do seu lugar significa que o Senhor tirará o Espírito Santo da igreja.

O efeito não é apenas nos indivíduos, mas também na igreja: se o primeiro amor se esfria, as obras do Espírito Santo desaparecem e o avivamento para.

No início da igreja, eles podem clamar em oração a Deus, mas, sem passarem por avivamentos, seu fervor esfria. Não oram mais fervorosamente. Param de se reunir e não mais espalham o evangelho diligentemente.

Uma vez que as obras do Espírito Santo vão desaparecendo da igreja gradativamente, os membros acabam caindo em um sono espiritual. Quando as obras do Espírito Santo param, não é fácil reacender as orações de fogo e recuperar a Sua plenitude novamente. Uma vez perdido o primeiro amor e removido o candelabro, o Espírito Santo não trabalha mais.

Quando o Espírito Santo não trabalha mais em uma igreja, Satanás logo começa a trabalhar para causar divisões e contendas. A situação pode chegar ao ponto de ter a igreja destruída. De qualquer maneira, ainda que não chegue, se o Espírito Santo não opera mais em uma determinada igreja, isso quer dizer que a igreja já abandonou o seu dever.

Sendo assim, nós, crentes, que estamos vivendo no fim dos tempos, devemos nos lembrar do versículo em 1 Pedro 4:7: *"O fim de todas as coisas está próximo. Portanto, sejam criteriosos e estejam em alerta; dediquem-se à oração."* Temos de ficar em alerta. Se perdemos o primeiro amor, precisamos nos arrepender e mudar de posição rapidamente, para que Deus não tire o candelabro do lugar.

~

# Conselho e Bênção do Senhor à Igreja de Éfeso

"Mas há uma coisa a seu favor: você odeia as práticas dos nicolaítas, como eu também as odeio. "Aquele que tem ouvidos ouça o que o Espírito diz às igrejas. Ao vencedor darei o direito de comer da árvore da vida que está no paraíso de Deus" (Apocalipse 2:6-7).

Depois de elogiar e repreender a Igreja de Éfeso, o Senhor ainda tinha mais louvor para ela, e isso é sabedoria de Deus. A repreensão que o Senhor deu ao pastor e membros da Igreja de Éfeso em relação à perda do primeiro amor não foi pequena.

'Tirar o candelabro do seu lugar' significa que os seus nomes seriam apagados do livro da vida, que eles não seriam salvos. Além disso, como igreja, isso significa que a igreja não mais conseguiria cumprir seu dever como corpo de Cristo, já que as obras do Espírito Santo haviam parado.

Como eles devem ter ficado chocados ao ouvir essas palavras! Se um crente recebe um conselho que diz: "Deus vai tirar o Espírito Santo de você e você não poderá ser salvo", ele entra em choque.

Foi o que aconteceu na Igreja de Éfeso. Assim, depois que o Senhor admoestou severamente ao pastor e aos membros, Ele usou um elogio que havia deixado para o final, para que eles não perdessem a força em seus corações, mas se arrependessem e continuassem marchando na fé. O louvor foi para o fato de a Igreja de Éfeso odiar as práticas dos nicolaítas.

## A Igreja de Éfeso Odiava as Práticas dos Nicolaítas

Os nicolaítas eram um grupo formado por Nicolau, um dos sete diáconos da igreja primitiva. Como esta igreja cresceu muito rapidamente (Atos 6:7), eles selecionaram diáconos, para que se encarregassem de trabalhos administrativos da igreja de forma a fazer com que os apóstolos pudessem concentrar-se na palavra de Deus e orações.

*Por isso os Doze reuniram todos os discípulos e disseram: "Não é certo negligenciarmos o ministério da palavra de Deus, a fim de servir às mesas. Irmãos, escolham entre vocês sete homens de bom testemunho,*

39

*cheios do Espírito e de sabedoria. Passaremos a eles essa tarefa e nos dedicaremos à oração e ao ministério da palavra"* (Atos 6:2-4).

Eles selecionaram sete homens de boa reputação, cheios do Espírito e sabedoria, que se encarregariam das tarefas da igreja. Um deles era Nicolau. Ele havia sido elogiado por ser cheio de fé e do Espírito, mas depois, se afastou da verdade.

Ele disse algo como: "O espírito é limpo, sem pecado e santo. Os homens pecam porque seu corpo visível tem pecados. O pecado não tem relação nenhuma com o espírito dentro do homem. Portanto, quando Deus chama o nosso espírito, o corpo volta para o pó; e assim, não importa quantos pecados o nosso corpo cometa, que o nosso espírito será salvo."

A palavra de Deus, entretanto, nos diz que mesmo depois de aceitarmos Jesus Cristo como nosso Salvador, se continuarmos pecando, o Espírito Santo será apagado. Se cometermos o pecado de crucificar o Senhor de novo, não conseguiremos sequer nos arrepender.

*"Ora, para aqueles que uma vez foram iluminados, provaram o dom celestial, tornaram-se participantes do Espírito Santo, experimentaram a bondade da palavra de Deus e os poderes da era que há de vir, e caíram, é impossível que sejam reconduzidos ao arrependimento; pois para si mesmos estão crucificando de novo o Filho*

*de Deus, sujeitando-o à desonra pública"* (Hebreus 6:4-6).

O argumento de Nicolau era uma distorção da palavra de Deus. Para praticar a palavra de Deus, tem de ter trabalho árduo e paciência. Os nicolaítas ensinavam que eles podiam ser salvos mesmo com a prática do pecado. As pessoas que amavam o mundo e viviam nas trevas eram facilmente tentadas. Mesmo se estivessem tentando se despojar do pecado, poderiam ter sido enganadas e voltado para o mundo de novo.

Se alguém ensina algo como essa teoria e as pessoas concordam com a coisa na igreja, toda ela logo ficará manchada por pecados. Hoje, qualquer tipo de obra que trapaceiramente distorce a palavra de Deus para enganar crentes pode ser considerada como prática dos nicolaítas.

Mesmo que alguém tenha uma boa posição ou título na igreja e seja cheio do Espírito Santo para ser louvado por muitos, até chegar ao ponto de se tornar completamente espiritual, ele pode receber obras de Satanás e deixar a verdade; logo, precisamos sempre estar atentos para não cairmos em provação ou tentação.

Devemos, pois, ser cautelosos em relação a uma coisa. É claro que está certo odiar o que é contra a vontade de Deus. No entanto, devemos discernir tudo muito bem com a palavra de Deus, para que não perturbemos o Espírito Santo com nossa arrogância. É que, se julgarmos e condenarmos determinada igreja ou pastor, que tem as obras de fogo do Espírito Santo, estaremos construindo um grande muro de pecado entre nós e Deus.

## A Promessa de Deus Dada Àqueles que Vencem

Depois que ouvimos a palavra, não podemos guardá-la como conhecimento. A fim de vencer, temos de plantá-la em nosso coração e colher os frutos com a ajuda do Espírito Santo. Aqui, vencer significa recuperar o primeiro amor e viver na verdade novamente.

Quando recebemos o Espírito Santo, ouvimos a palavra de Deus, plantamo-la nos nossos corações, praticamo-la e vencemos o mundo, que é cheio de pecados. Portanto, 'aos que vencerem' se refere àqueles que recuperam o primeiro amor. O Senhor prometeu a essas pessoas: "Ao vencedor darei o direito de comer da árvore da vida, que está no paraíso de Deus."

O fruto da árvore da vida está presente não apenas no Paraíso, mas também em todo lugar no reino celestial, inclusive na Nova Jerusalém. Por que, então, o Senhor prometeu que os deixaria comer da árvore da vida? Aqui, 'paraíso' tem dois significados.

Primeiro, significa que eles iriam para o Paraíso, o lugar celestial mais baixo do reino dos céus. O reino dos céus tem lugares categorizados e distintos que serão habitados por pessoas, segundo a medida da fé de cada uma. O Paraíso é o lugar onde um dos dois criminosos que foram crucificados ao lado de

Jesus foi. Como os crentes da Igreja de Éfeso tinham perdido seu primeiro amor, ao se arrependerem e mudarem de posição, ficarão no estado de receber a mera salvação.

Todavia, mesmo tendo perdido seu primeiro amor, se eles lembrassem onde haviam caído, se arrependessem e continuassem marchando diligentemente na fé, eles poderiam ir para melhores lugares no céu; mas se continuassem no nível de recuperação do primeiro amor, só receberiam a vergonhosa salvação no Paraíso.

O segundo significado de Paraíso é uma referência a todo o reino dos céus em geral. Essa mensagem não foi apenas para a Igreja de Éfeso, mas para todas as igrejas. Se recuperamos o primeiro amor e vamos para o reino celestial, qualquer um de nós pode comer da árvore da vida.

## O Deus de Amor Quer que Recuperemos Nosso Primeiro Amor

Jesus Cristo é o mesmo ontem, hoje e eternamente. Ele ama a todos os filhos de Deus com Seu amor imutável. Entretanto, os homens, às vezes, abandonam esse amor do Senhor, seguindo seus próprios desejos e vontades, inclinando-se para a natureza carnal. Seu primeiro amor muda.

O Deus de amor, todavia, desde que essas pessoas se arrependam e mudem de atitude, a fim de recuperarem o primeiro amor e as primeiras obras, não vira as costas para elas.

43

Ele então não se lembra das coisas do passado, mas as ama de todo o coração. Assim é o coração de Deus.

A Igreja de Éfeso recebeu louvores do Senhor, mas eles também foram repreendidos severamente e advertidos de que o seu candelabro lhes poderia ser tirado do lugar, porque haviam perdido seu primeiro amor.

Mas, a verdadeira razão do Senhor ter admoestado a Igreja de Éfeso não foi para colocar medo em seus corações e levá-los à destruição, mas para que eles se arrependessem e mudassem de atitude. Foi para fazê-los vencer todas as coisas e ir morar no reino de Deus. em Sua companhia.

A vontade de Deus é que os Seus filhos se despojem de seus pecados e se tornem santos, crescendo na fé e em verdade. Contudo, até que sejam completamente santificados, há sempre constantes tentações e provações de Satanás. Dessa maneira, devemos nos lembrar de que qualquer pessoa pode cair em provações e perder o primeiro amor, se não estiver acordado.

Se temos um coração altivo que está pensando: "Tenho sido fiel e diligente para o Senhor", então, jamais poderemos ser despertados do sono espiritual.

Ainda que tenhamos feito algo bem feito, devemos ter sempre o coração do servo indigno que pensa: "Somos servos indignos. Fizemos aquilo que tínhamos de fazer." Assim, quando o Espírito Santo nos fizer perceber as coisas e nos aconselhar, poderemos nos arrepender, recuperar o primeiro amor e praticar novamente as primeiras obras.

Agora é a hora de checar se perdemos ou não o nosso primeiro amor por Deus e pelo Senhor, para que o nosso amor por Ele cresça cada dia mais.

# Capítulo 2

# Igreja de Esmirna
## - Superando Provações da Nossa Fé

A Igreja de Esmirna passou por muito sofrimento, inclusive o martírio de Policárpio. Dentre as sete igrejas, essa era única. Os membros dela não foram nem elogiados, nem repreendidos, mas aconselhados. No entanto, foi-lhes dada a promessa de que, se eles passassem pelos muitos sofrimentos e fossem fiéis até a morte, receberiam a coroa da vida.

Essa é uma mensagem às igrejas e crentes que estão sofrendo por causa do nome do Senhor, e também àqueles irmãos e igrejas que irão para a Coreia do Norte com o poder de Deus, para cumprir seus deveres em uma terra árida, sem o evangelho.

## Apocalipse 2:8-11

"Ao anjo da igreja em Esmirna escreva: Estas são as palavras daquele que é o Primeiro e o Último, que morreu e tornou a viver. Conheço as suas aflições e a sua pobreza; mas você é rico! Conheço a blasfêmia dos que se dizem judeus, mas não são, sendo antes sinagoga de Satanás. Não tenha medo do que você está prestes a sofrer. O Diabo lançará alguns de vocês na prisão para prová-los, e vocês sofrerão perseguição durante dez dias. Seja fiel até a morte, e eu lhe darei a coroa da vida. Aquele que tem ouvidos ouça o que o Espírito diz às igrejas. O vencedor, de modo algum, sofrerá a segunda morte."

# A Mensagem do Senhor à Igreja de Esmirna

"Ao anjo da igreja em Esmirna escreva: Estas são as palavras daquele que é o Primeiro e o Último, que morreu e tornou a viver" (Apocalipse 2:8).

Esmirna é famosa por ser a cidade natal do escritor grego Homero, que escreveu as mais antigas poesias épicas '*Ilíada*' e '*Odisséia.*' Muitos judeus já moravam em Esmirna há muito tempo. A cidade também era comercial como Éfeso, e também era um centro de idolatria com um grande número de altares aos seus ídolos e à adoração do imperador.

Naquele tempo, as pessoas de Esmirna chamavam o imperador romano de 'Senhor' e achavam que existia apenas um imperador no mundo. Os cristãos, entretanto, acreditavam e confessavam

49

que a real autoridade não estava com o imperador romano, mas com Jesus Cristo. Por causa disso, eles tiveram que entregar suas vidas. O governo de Esmirna colaborava com o governo romano e perseguia os cristãos austeramente.

Um governador pediu a Policárpio, bispo da Igreja de Esmirna e discípulo do apóstolo João, que negasse a Jesus Cristo e confessasse o Imperador Romano como o Senhor. Ele recusou sem hesitar e respondeu: "O Senhor nunca me negou em toda a minha vida. Como posso negar meu Senhor?"

Como muitos que confessavam o nome do Senhor, ele foi queimado no fim. A chama que queimou por um tempo e depois desapareceu não pôde levar sua fé.

## O Senhor, o Primeiro e o Último, que Morreu e Tornou a Viver

Quando o Senhor escrevia para a Igreja de Esmirna, Ele se introduziu como o 'primeiro e o último, que morreu e tornou a viver.'

No livro de Apocalipse, podemos encontrar expressões semelhantes como 'o Alfa e o Ômega', 'o primeiro e o último', 'o princípio e o fim', mas o significado espiritual de cada um é diferente (Apocalipse 22:13).

Primeiramente, 'o Alfa e o Ômega' significa que o Senhor é o princípio e o fim de todas as civilizações.

'O alfa' e o 'ômega' são a primeira e a última letra do alfabeto grego usado por João para escrever o livro do Apocalipse. O 'A', a primeira letra do alfabeto português moderno derivou-se da primeira letra do alfabeto grego, 'alfa'. E o mesmo com o 'Z', 'ômega'. Essas letras são muito usadas em línguas europeias hoje. Através do uso das letras de uma língua literária, a humanidade conseguiu representar seus pensamentos e comunicar seu conhecimento e ciência para o avanço da civilização.

Deus é a origem do conhecimento e da sabedoria. Assim, basicamente, a civilização e a cultura puderam se desenvolver, porque Deus deu conhecimento e sabedoria ao homem. O avanço da civilização moderna terá fim, quando o Senhor voltar à terra.

Ao mencionar a primeira e a última letra do alfabeto, que representam as civilizações, Deus nos revelou que o Senhor é o princípio e o fim de todas elas.

Dizer que o Senhor é o início e o fim significa que Ele é o início e o fim da cultivação humana. Como dito: *"Todas as coisas foram feitas por intermédio dele; sem ele, nada do que existe teria sido feito"* (João 1:3), Deus criou todas as coisas e começou a cultivação humana na terra através de Jesus Cristo; e também a terminará através de Jesus Cristo.

Então, o que o Senhor queria dizer quando disse: 'O primeiro e o último, que foi morto e tornou a viver'?

'O primeiro' significa que Ele é o primeiro da ressurreição. Romanos 5:12 diz: *"Portanto, da mesma forma como o pecado entrou no mundo por um homem, e pelo pecado a morte, assim também a morte veio a todos os homens, porque todos pecaram."* Todos os descendentes de Adão foram destinados à morte eterna por causa da lei espiritual que diz: 'o salário do pecado é a morte' (Romanos 6:23).

Jesus é o único Filho de Deus. Ele foi crucificado em nosso lugar e nos redimiu de todos os pecados. Assim, qualquer que aceita Jesus Cristo como seu Salvador pode ser perdoado de seus pecados; ele pode ser salvo do caminho da morte e receber a salvação. Uma vez que Jesus não teve nenhum pecado, Ele ressuscitou no terceiro dia e se tornou o primeiro fruto da ressurreição.

'O último' se refere à volta de Jesus nos ares. Quando o Senhor vier, toda a obra da salvação humana também finalizará. Na volta de Jesus, aqueles que creram no Senhor e morreram e aqueles que tiverem conhecido o Senhor e ainda estiverem vivos, todos serão frutos da ressurreição.

Obviamente, existe a 'mera salvação' durante os Sete Anos da Grande Tribulação. No entanto, para a maioria das pessoas, as obras de salvação terão acabado na segunda vinda do Senhor pelos ares. Nesse momento, a era do Espírito Santo também finalizará. Portanto, a volta do Senhor será 'o último'. Será o momento em que Ele irá colher os frutos da ressurreição.

O Senhor Jesus, que é o primeiro e o último, também disse: '[Eu] que fui morto e tornei a viver', refere-se à ressurreição depois da crucificação. Não há dúvidas de que o Senhor morreu e ressuscitou, e isso é algo crucial em nossa vida cristã.

Como Romanos 10:9 diz: *"Se você confessar com a sua boca que Jesus é o Senhor e crer em seu coração que Deus o ressuscitou dentre os mortos, será salvo"*, só quando cremos na ressurreição do Senhor Jesus é que podemos receber a salvação.

## Os Discípulos e os Membros da Igreja Primitiva Testemunharam a Ressurreição do Senhor

Hoje, há muitas pessoas que simplesmente vão à igreja, sem ter a certeza da ressurreição do Senhor. Como elas não têm essa convicção, elas também não têm fé para viver pela palavra de Deus.

Jesus mostrou que Ele é o Filho de Deus operando muitos sinais e maravilhas durante os três anos que esteve com os Seus discípulos. Ele também previu que morreria na cruz e ressuscitaria no terceiro dia, quebrando a autoridade da morte. No entanto, quando foi capturado e sentenciado à morte, todos os discípulos fugiram com medo.

Até Pedro, que tinha dito que preferiria morrer a negar o Senhor, O negou três vezes. Isso porque, naquele tempo, ele ainda não havia recebido o Espírito Santo e não conseguia crer completamente em seu coração que Jesus ressuscitaria.

Entretanto, uma grande mudança aconteceu na vida dos discípulos. Eles, que antes haviam fugido de medo, deram testemunho de Jesus Cristo mesmo diante da morte. Alguns deles vieram a ser até mesmo presas de leões; outros, decapitados e ainda outros, serrados ao meio. Um discípulo foi crucificado de cabeça para baixo.

A razão pela qual eles conseguiram dar testemunho do Senhor até o fim, mesmo diante do grande sofrimento do martírio, foi porque eles tinham se encontrado pessoalmente com o Senhor ressuscitado e, assim, tinham a certeza da ressurreição. Eles ficaram cheios da esperança pelo reino dos céus e o medo da morte não era nada para eles. Eles puderam sacrificar suas próprias vidas pelo Senhor.

Não apenas Seus discípulos, mas também muitos membros da igreja primitiva que testemunharam a ressurreição e ascensão do Senhor sacrificaram sua vida por Ele. Essas pessoas também tinham a certeza da ressurreição e esperança. Como sacrificaram suas vidas, o cristianismo pôde se espalhar muito rapidamente, mesmo sob as severas perseguições por parte do Império Romano. No fim, o próprio império se tornou um estado cristão.

Sob perseguições tão austeras, se eles não tivessem testemunhado e crido na ressurreição do Senhor, como teriam conseguido guardar a fé até o fim? Eles puderam pregar o evangelho corajosamente, não só com palavras, porque haviam testemunhado a ressurreição do Senhor.

Marcos 16:20 diz: *"Então, os discípulos saíram e pregaram por toda parte; e o Senhor cooperava com eles, confirmando-lhes a palavra com os sinais que a acompanhavam."* Uma vez que sinais e maravilhas, que não eram possíveis de acontecer pela capacidade humana, aconteciam, as pessoas conseguiam crer em suas palavras.

## A História do Mundo Testifica a Ressurreição do Senhor

A história também testifica que Jesus de fato existiu. Ela é separada em AC (Antes de Cristo) e DC (Depois de Cristo).

Só de olhar no fato de a história da humanidade ser separada em tempos antes e depois de Jesus, vemos claramente que Jesus esteve na terra. Além disso, juntamente com Seu nascimento, a história de Israel prova a crucificação e ressurreição do Senhor.

Quando Jesus nasceu, Israel estava sob o domínio dos romanos, e a documentação histórica de Seu nascimento e ressurreição também foi registrada.

O governador Pilatos, que sentenciou Jesus à crucificação, registrou as coisas sobre o incidente detalhadamente e mandou o relatório para o imperador romano. Esse relatório está em Aya Sophia, Istambul, Turquia. Só com alguns poucos fatos, já podemos crer que a ressurreição de Jesus foi real e podemos ter uma firme esperança de ressurreição.

A mensagem dada à Igreja de Esmirna também é dada às igrejas e crentes que são semelhantes a ela.

## Casos de Hoje que se Encaixam nas Palavras Dadas a Esmirna

A mensagem para a Igreja de Esmirna é para aqueles que vão a países onde o evangelismo é proibido, especialmente aqueles que irão para a Coreia do Norte para operar as obras poderosas de Deus. Já se passaram mais de 50 anos desde o início da Guerra da Coreia, mas ainda há muitos coreanos da Coreia do Sul ou do Norte que ainda têm seus pais, irmãos e parentes do outro lado da Coreia.

O apóstolo Paulo tinha paixão por salvar seu povo, como confessou em Romanos 9:3: *"Pois eu até desejaria ser amaldiçoado e separado de Cristo por amor de meus irmãos, os de minha raça."*

É que ele conhecia o profundo coração de Deus em relação ao Seu povo escolhido e também tinha um amor fervoroso pelos de sua raça.

Da mesma maneira, quando o caminho para missões na Coreia do Norte se abrir, os coreanos do Sul sentirão um fervoroso amor pelos coreanos do Norte. Muitos missionários e obreiros entrarão na Coreia do Norte para pregar o evangelho. Quando entrarem lá, poderão se encontrar diante de situações econômicas ou outras mais difíceis do que as que haviam pensado. Não enfrentarão apenas perseguições, mas também o martírio.

Com o passar do tempo, as perseguições aumentarão ainda mais. Os missionários terão de decidir se vão querer ficar no Norte ou voltar para o Sul. No entanto, independente da situação, se tiverem a verdadeira riqueza em seus corações, as circunstâncias não lhes importarão.

Aqui, 'riqueza em seus corações' é ter corações cheios da esperança pelo reino dos céus. Pessoas assim são cheias de fé e do Espírito e anseiam pelas recompensas que receberão no reino celestial. Como dito em 2 Coríntios 6:10, *"nem ladrões, nem avarentos, nem alcoólatras, nem caluniadores, nem trapaceiros herdarão o Reino de Deus."*

Quando temos a riqueza dada por Deus em nossos corações, podemos cumprir Sua vontade e providência completamente.

## Sofrimentos em uma Terra Estéril do Evangelho

Mas, mesmo entre os missionários da Coreia do Norte, haverá quem atrapalhará as obras de Deus. Ao invés de trabalharem juntos para espalhar o evangelho, eles dificultarão as obras de Deus.

Os sumo-sacerdotes, sacerdotes e escribas dos tempos de Jesus tinham ciúmes Dele, porque Ele operava grandes sinais e maravilhas e pregava o evangelho do reino dos céus. Eles O julgaram com o entendimento que tinham da Lei e, no fim, O mataram.

Da mesma forma, haverá pessoas como essas na Coreia do Norte. Quando alguns missionários operarem muitos sinais e maravilhas, pregando a palavra da vida, haverá outros missionários que os atrapalharão e dificultarão seu trabalho. No entanto, vencerão o problema com bondade, fé e amor. Quanto maiores os distúrbios, mais poderosas as obras de Deus.

Deus nos disse que haveria atitudes de outros funcionários que atrapalhariam outros, mas que também haveria uma perseguição em nível nacional que seria um problema maior. Quando chegar a hora, a Coreia do Norte precisará abrir suas portas. Nesse tempo, muitas pessoas entrarão no país com a visão de evangelismo.

Todavia, em pouco tempo ela fechará suas portas de novo, a fim de manter seu próprio sistema de governo e acreditará que uma das maiores coisas que atrapalha esse sistema é o poder de Deus.

Alguns missionários não irão só pregar o evangelho, mas

também irão operar obras miraculosas e poderosas de Deus, que não podem ser feitas pelo poder humano. Assim, o governo ficará de olho neles e, mais tarde, as obras poderosas aumentarão tanto que o governo sentirá a necessidade de perseguir os servos de Deus, a fim de impedi-los.

No fim, eles fecharão a igreja onde o poder de Deus estará sendo manifestado, prenderão os missionários e obreiros da igreja e criarão motivos para executá-los. Se executarem essas pessoas de Deus só por razões religiosas, atrairão para si muita atenção negativa do mundo e enfrentarão grande oposição. Assim, até que oficiais norte-coreanos consigam fabricar convincentes razões, os servos de Deus terão de sofrer em suas prisões.

Apocalipse 2:10 diz: *"Não tenha medo do que você está prestes a sofrer. O Diabo lançará alguns de vocês na prisão para prová-los, e vocês sofrerão perseguição durante dez dias. Seja fiel até a morte, e eu lhe darei a coroa da vida."*

Isso não quer dizer que eles sofrerão exatamente 10 dias na prisão. 'Dez dias' representa o período de tempo que o governo norte-coreano precisará para criar razões para a execução dos missionários presos.

## As Recompensas e Honra dos Mártires

Os norte-coreanos locais verão esses martírios e muitos deles

59

também pregarão o evangelho com o espírito de mártir.

É importante mandar pessoas para a Coreia do Norte para pregar o evangelho. No entanto, haverá ainda mais poder, se os próprios norte-coreanos crescerem em fé e pregarem o evangelho com espírito de martírio. O martírio de tais pessoas acenderia a fagulha das pessoas locais para pregar o evangelho.

Nem todos os missionários da Coreia do Norte se tornarão mártires. Só alguns deles é que serão martirizados. A decisão será deles. Se quiserem evitar o martírio, poderão fazê-lo.

Não é fácil ser mártir por causa do nome do Senhor, mas se a pessoa consegue superar as perseguições e provações com alegria e ações de graças, como o apóstolo Paulo, então a sua glória, recompensa e louvor serão realmente grandes no reino dos céus. As recompensas para o martírio em si já serão grandes; e a pessoa ainda será recompensada pelas muitas almas que foram salvas através de sua morte.

Logo, quando alguém se lembra de como é glorioso ser fiel até a morte em uma terra que é estéril do evangelho, olha para a glória e recompensas no reino dos céus e vence qualquer tipo de provação ou perseguição.

# O Conselho do Senhor à Igreja de Esmirna

"Conheço as suas aflições e a sua pobreza; mas você é rico! Conheço a blasfêmia dos que se dizem judeus, mas não o são, sendo antes sinagoga de Satanás. Não tenha medo do que você está prestes a sofrer. O Diabo lançará alguns de vocês na prisão para prová-los, e vocês sofrerão perseguição durante dez dias. Seja fiel até a morte, e eu lhe darei a coroa da vida" (Apocalipse 2:9-10).

Dentre as sete igrejas, só a Igreja de Esmirna recebeu apenas conselho, sem louvor ou admoestação. Contudo, a mensagem dada à Igreja de Esmirna tem conteúdos bastante importantes. Ela nos conta por que enfrentarão testes e provações, o que é a sinagoga de Satanás e que tipo de pessoas receberá a coroa da vida.

## A Igreja de Esmirna Sofreu Aflições e Pobreza

O Senhor conhecia as aflições e pobreza da Igreja de Esmirna e disse: "mas você é rico!" Às vezes, uma pessoa pode ter vivido na pobreza antes de aceitar o Senhor, mas depois que o faz, à medida que continua sua vida cristã, Deus o protege e ele pode passar a ter uma vida rica.

Então, por que a Igreja de Esmirna sofria aflições e pobreza embora cresse no Senhor? As provações que os crentes enfrentam podem parecer semelhantes às de não-crentes, mas na verdade, são diferentes. Através dos sofrimentos que passamos com o Senhor, a nossa alma fica mais próspera quando os superamos com fé. Assim, recebemos as bênçãos de Deus e ainda acumulamos recompensas no reino dos céus.

Como no caso da Igreja de Esmirna, há dois grandes tipos de provações para os crentes. Um é o causado porque cremos no Senhor, e o outro é causado quando não vivemos pela palavra de Deus.

Algumas pessoas, entretanto, acham que estão sofrendo pelo nome do Senhor quando, na verdade, estão sofrendo porque elas mesmas não estão vivendo segundo a palavra de Deus. Há também pessoas que trazem perseguições para si, porque simplesmente não estão vivendo sabiamente. Elas, contudo, acham que estão sendo perseguidas por amor ao nome do Senhor e não tentam resolver o problema.

## Aflições por Causa da Fé em Jesus Cristo

Aflições que vêm por causa do nome do Senhor são sofrimentos pela justiça. Deus certamente recompensará esses sofrimentos com bênçãos. Por exemplo, os membros de nossa família ou pessoas incrédulas no trabalho ou na escola podem nos perseguir.

Por exemplo, nos finais de semana nós costumávamos fazer piqueniques com nossos familiares No entanto, quando começamos a frequentar a igreja, íamos ao culto de domingo sempre. Como resultado, eles às vezes se sentiram ofendidos de certa forma ou desapontados e começaram a nos perseguir. Nesse tipo de situação, se demonstrarmos mais o nosso amor por eles e servi-los, eventualmente Deus tocará em seus corações, para que aceitem o evangelho. Assim, naturalmente, as perseguições terão fim.

Por outro lado, se ainda vivemos perseguições assim, já depois de muitos anos de vida cristã, precisamos ver se somos nós que estamos causando-as por falta de sabedoria.

Podemos ser cheios do Espírito, mas às vezes não nos controlamos e falamos coisas tolas ou fazemos coisas não muito sábias, que causam uma reação adversa em nossos familiares.

Todavia, se tivermos, verdadeiramente, o mínimo de sabedoria que seja, poderemos evitar a perseguição por parte deles.

Mesmo quando esse tipo de perseguição desaparece, pode haver outro tipo, que é vivenciada inclusive por homens de Deus. Moisés, Elias, Jeremias, Isaías e outros profetas, além dos apóstolos Paulo, Pedro e João amaram muito a Deus e também foram muito amados por Ele, todavia todos eles foram perseguidos por causa do Senhor, do reino de Deus e de outras almas; e todos suportaram tudo de boa vontade.

Mateus 5:11-12 diz: *"Bem-aventurados serão vocês quando, por minha causa, os insultarem, os perseguirem e levantarem todo tipo de calúnia contra vocês. Alegrem-se e regozijem-se, porque grande é a sua recompensa nos céus, pois da mesma forma perseguiram os profetas que viveram antes de vocês."* Como vemos, por olharem para as recompensas celestiais, eles não sentiram que as coisas eram difíceis nem nunca foram tímidos, retraídos ou envergonhados, mas sempre regozijaram.

## Provações Causadas por Acusações de Satanás por Não Se Viver Segundo a Palavra de Deus

Também podemos sofrer provações por não estarmos vivendo de acordo com a verdade e a palavra de Deus. Satanás usa isso para nos acusar.

Quando aceitamos Jesus Cristo como nosso Salvador e nos

tornamos filhos de Deus, nos tornamos cidadãos do reino dos céus (Filipenses 3:20). A partir de então, temos de obedecer às leis deste reino como cidadãos. Só assim seremos protegidos e receberemos abundantes bênçãos.

Do contrário, se violarmos as leis de Deus, o inimigo nos acusará. Do seu ponto de vista, antes éramos seus filhos, mas depois que aceitamos o Senhor e nos tornamos filhos de Deus, ele faz de tudo para nos levar de volta para o seu lado. É por isso que sempre que há uma brecha, ele tenta nos acusar e nos trazer provações e tribulações.

Entre aqueles que sofrem por essa razão, alguns interpretam mal, que Deus é quem está fazendo-os perecer.

Tiago 1:13, entretanto, diz: *"Quando alguém for tentado, jamais deverá dizer: Estou sendo tentado por Deus. Pois Deus não pode ser tentado pelo mal, e a ninguém tenta."* Como vemos, Deus não nos traz nenhum tipo de tribulação ou provação.

A razão de sofrermos com testes e provações é por sermos tentados por nossos próprios desejos, (Tiago 1:14), violarmos as leis de Deus e cometermos pecados. Assim como somos punidos nesse mundo se violamos alguma lei, também somos punidos quando violamos as leis de Deus.

Como Deus é justo, Ele não pode nos proteger das acusações

65

de Satanás quando pecamos, mesmo com o fato de sermos Seus filhos. Enfim, é o inimigo que nos traz testes e provações, mas é por causa do amor de Deus que Ele permite que essas acusações aconteçam.

Tiago 1:15 diz: *"Então esse desejo, tendo concebido, dá à luz o pecado, e o pecado, após ter se consumado, gera a morte."* Romanos 6:23 diz: *"Pois o salário do pecado é a morte, mas o dom gratuito de Deus é a vida eterna em Cristo Jesus, nosso Senhor."* Assim, se Deus permitir que Seus filhos façam o que lhes agrada, enquanto seguem por um caminho de morte, que fim eles terão?

Deus quer que Seus filhos, que estão seguindo por um caminho de morte, se convertam, nem que seja através de alguma punição. Ele permite que testes e provações venham sobre Seus filhos pelas acusações de Satanás.

Sobre esse amor de Deus, Hebreus 12:5-6 diz: *"Vocês se esqueceram da palavra de ânimo que ele lhes dirige como a filhos: "Meu filho, não despreze a disciplina do Senhor, nem se magoe com a sua repreensão, pois o Senhor disciplina a quem ama, e castiga todo aquele a quem aceita como filho."*

Portanto, se estamos passando por algum momento difícil, primeiro devemos examinar tudo para determinar quais são as causas. Se tudo foi causado por nosso próprio erro, precisamos nos arrepender e mudar de atitude rapidamente, para que voltemos para as bênçãos do Senhor novamente.

## A Causa da Pobreza

A Igreja de Esmirna não sofria apenas com provações, mas também com a pobreza. Quando cremos em Deus e vamos para o Senhor, podemos receber bênçãos de saúde e riqueza, à medida que nossa alma fica próspera. No entanto, às vezes, crentes podem sofrer com a pobreza; como foi o caso da Igreja de Esmirna.

Mesmo que trabalhemos mais do que trabalhávamos antes de crer no Senhor, ainda assim podemos enfrentar perseguições em nosso local de trabalho ou ser tratados injustamente. Às vezes, temos de sair da empresa onde trabalhamos, porque exigem que cumpramos horário no Dia do Senhor e nós queremos guardá-lo.

Por motivos assim, podemos acabar enfrentando dificuldades financeiras. Entretanto, uma vez que elas são causadas por causa da nossa fé no Senhor, não duram muito. Por mais que alguém continue nos perseguindo, se simplesmente tratarmos tal pessoa com bondade o tempo todo, ela também cederá. Em outras palavras, o Senhor nos retribui sempre com bênçãos superabundantes.

Há, no entanto, a pobreza que é causada pela própria pessoa. Suponha que possamos desfrutar de muitas coisas. Contudo, como amamos a Deus, não gastamos com nós mesmos, mas só com o Seu reino. Voluntariamente, nos colocamos em uma situação de pobreza com ações de graças.

Como Deus pode simplesmente nos deixar ficar em condições assim? Ele nos retribuirá com muitas recompensas no céu e também na terra, Ele fará a nossa alma próspera e com boa saúde, isto é, seremos ricos de fato.

## "Mas Você é Rico"

2 Coríntios 8:9 diz: *"Pois vocês conhecem a graça de nosso Senhor Jesus Cristo que, sendo rico, se fez pobre por amor de vocês, para que por meio de sua pobreza vocês se tornassem ricos."* Jesus é o Filho de Deus e possui todas as riquezas. No entanto, Ele nasceu em um estábulo e seu berço foi uma manjedoura.

Enquanto vivia nessa terra, Ele algumas vezes teve fome, em outras, não teve onde pôr a cabeça para dormir no deserto. Ele fez isso para nos redimir da pobreza. Assim sendo, nós, que cremos no Senhor, não podemos ser pobres, mas podemos glorificar a Deus na riqueza que possuímos.

Todavia, não são todos os filhos de Deus que ficam ricos incondicionalmente. Como escrito em Deuteronômio, capítulo 28, temos de ouvir a Sua palavra e guardar todos os Seus mandamentos para sermos ricos.

*"Se vocês obedecerem fielmente ao SENHOR, o seu Deus, e seguirem cuidadosamente todos os seus mandamentos que hoje lhes dou, o SENHOR, o seu Deus, os colocará muito acima de todas as nações da terra. Todas estas bênçãos virão sobre vocês e os acompanharão, se vocês obedecerem ao SENHOR, o seu Deus: Vocês serão abençoados na cidade e serão abençoados no campo. Os filhos do seu ventre serão abençoados, como também as colheitas da sua terra e os bezerros e os cordeiros dos seus rebanhos. A sua cesta e a sua amassadeira serão abençoadas. Vocês serão abençoados em tudo o que fizerem"* (Deuteronômio 28:1-6).

Se verdadeiramente vivermos pela palavra de Deus e andarmos na luz, não enfrentaremos provas ou tribulações. Se as enfrentarmos, irão embora bem rapidamente.

Acima de tudo, o reino celestial eterno está pronto para todos os filhos de Deus que são salvos. Além disso, como suas almas são prósperas, tudo lhes vai bem, mesmo na terra. Logo, somos mais ricos que qualquer pessoa.

## A Igreja de Esmirna Foi Perseguida por Aqueles que Se Diziam Judeus, Mas Não O Eram

Historicamente, muitos judeus foram para Esmirna. Eles

colaboraram com o governo romano e mataram muitos cristãos.

Originalmente, os judeus são os escolhidos de Deus, mas nos tempos de Jesus, eles foram os que não O reconheceram como Filho de Deus e O perseguiram.

O sumo-sacerdote, sacerdotes e escribas, que eram líderes judaicos, ficaram com ciúmes de Jesus por causa das coisas poderosas que Ele operava e por pregar o reino dos céus. Julgaram e condenaram Jesus com o seu modo de entender a Lei e finalmente O crucificaram.

Até hoje, entre crentes no Senhor, existem pessoas que atrapalham as obras de Deus. Apesar de irem à igreja, quando algumas coisas não estão de acordo com suas crenças e opiniões, elas julgam e condenam. Ficam com ciúmes e odeiam outros crentes.

Como dito, "aqueles que se dizem judeus, mas não o são, sendo antes da sinagoga de Satanás", o Senhor diz que pessoas assim não são judias, isto é, elas não podem ser chamadas de filhas de Deus.

Vemos que por fora podem parecer ter fé e ser boas. No entanto, se Deus não reconhece sua fé e forma de bondade, de nada vale. Mesmo que insistam em dizer que são filhas de Deus, se suas obras e palavras não forem as de um filho de Deus, elas são apenas aquelas que se dizem judias, mas não o são. Tudo será revelado no dia do Julgamento Final.

Na verdade, não precisamos esperar o Julgamento Final. Podemos discernir as coisas observando os frutos em nossas vidas. Se elas forem de Deus, colherão frutos do Espírito Santo, amando a verdade, amando o próximo, tendo paz com todos e tendo boas palavras e obras.

Se os frutos forem inveja, ciúmes, julgamentos, condenações, ódio e contendas, então, certamente, trata-se de uma obra de Satanás. Quando há duas ou mais pessoas recebendo esse tipo de obra do inimigo, chamamos isso de 'sinagoga de Satanás.'

## Sinagogas de Satanás Atrapalham o Reino de Deus

Hoje, por causa das sinagogas de Satanás, muitas igrejas estão passando por dificuldades.

Efésios 1:23 diz que a igreja, comprada por Seu sangue, é o corpo de Cristo. 1 Coríntios 12:27 diz: *"Ora, vocês são o corpo de Cristo, e cada um de vocês, individualmente, é membro desse corpo."* Como vemos, todos os líderes e membros da igreja são partes do corpo do Senhor.

Se cada parte do nosso corpo tiver ciúmes e brigar com as outras, o que acontecerá? Da mesma forma, as igrejas devem ser unidas em amor. Se houver contendas entre as partes do corpo, o Espírito Santo não poderá trabalhar, o amor esfriará na igreja, o fogo das orações se extinguirá e, no fim das contas, o avivamento irá parar. Uma das principais causas disso é a sinagoga de Satanás.

E é importante que saibamos que as sinagogas de Satanás estão bem mais perto do que imaginamos. Um exemplo é quando ouvimos inverdades e calúnias e, sem dar muita atenção a elas, simplesmente concordamos com a pessoa que as diz.

Não concordamos com más intenções, mas acabamos, de certa forma, consentindo com o que é falado. Isso é contribuir com um falso rumor e permitir que ele se espalhe.

Até nos livrarmos completamente de todas as formas de maldade dentro de nós, não teremos a consciência de que temos uma mente perversa. Assim, o mal dentro de nós pode ser expresso, dependendo do tipo de pessoa que encontramos e em que tipo de situação nos encontramos.

Algumas pessoas expressam verbalmente suas reclamações e ressentimentos com frequência. Mesmo no momento em que elas têm de unir seus corações, falam palavras para contrariar os outros só porque não gostam muito de suas opiniões. Elas, entretanto, não se dão conta do que estão fazendo.

Essas pessoas discretamente procuram por quem vá concordar com suas ideias. Se começarmos a falar com elas sem nos vigiar, podemos acabar concordando com o que dizem e nos tornar parte da sinagoga de Satanás. Não devemos concordar com nenhuma palavra de inverdade, mas, com a verdade, abrir os olhos de quem as fala.

A luz dissipa as trevas. Se virmos, ouvirmos, falarmos e pensarmos apenas coisas boas, a sinagoga de Satanás não conseguirá permanecer na igreja e irá embora por conta própria.

## A Igreja de Esmirna Sofrerá

O Senhor disse à Igreja de Esmirna que eles iriam sofrer, mas que não se preocupassem. Ele disse: "O Diabo lançará alguns de vocês na prisão para prová-los, e vocês sofrerão perseguição durante dez dias" (v.10).

Até nos tornarmos santos, podemos passar por várias provações, tribulações ou sofrimentos, mas não temos por que temer. Tudo isso é para nos trazer riqueza espiritual e material; a forma de nos guiar à vida eterna.

Não devemos ter medo de perseguições e provações que enfrentamos por causa do nome do Senhor, mas sim, regozijar. E mesmo se estivermos sofrendo por não estarmos vivendo pela verdade, ainda assim, devemos regozijar e dar graças também.

Tiago 1:2-4 diz: *"Meus irmãos, considerem motivo de grande alegria o fato de passarem por diversas provações, pois vocês sabem que a prova da sua fé produz perseverança. E a perseverança deve ter ação completa, a fim de que vocês sejam maduros e íntegros, sem lhes faltar coisa alguma."* Como dito, através de testes, seremos aperfeiçoados e nada nos faltará.

O Senhor disse a alguns dos crentes da Igreja de Esmirna que eles sofreriam presos e que isso era obra do Diabo.

Muitos crentes não distinguem Satanás do Diabo. A Bíblia,

entretanto, diferencia claramente um do outro.

## Os Papéis de Satanás e do Diabo

Falando de maneira bem simples, Satanás é o coração de Lúcifer, o cabeça de todos os espíritos malignos. O Diabo é um espírito sob a autoridade de Satanás, e cada um tem seu papel.

Satanás trabalha nos pensamentos dos homens a fim de fazê-los pensar coisas más. Ele agita o coração da inverdade. Quando ele trabalha em uma pessoa, através de seus pensamentos, o Diabo entra em ação, fazendo com que ela faça o que pensou.

Em outras palavras, quando a obra de Satanás é vista através de ações, nos referimos a elas como 'obra do Diabo.'

Por exemplo, suponha que alguém esteja nos caluniando e criticando. Satanás, então, traz-nos pensamentos de maus sentimentos e ódio. Ele nos dá pensamentos como: 'Não aguento mais isso. Vou criticá-lo em dobro ou dar-lhe uma surra!'

Se é apenas o pensamento ruim, trata-se de uma obra de Satanás, mas se ele é posto na ação de amaldiçoar ou bater na outra pessoa, trata-se de uma obra do Diabo.

Lucas 22:3 diz: *"Então Satanás entrou em Judas, chamado Iscariotes, um dos Doze."* Isso quer dizer que Satanás capturou os pensamentos de Judas; que o pensamento, 'Vou vender Jesus por dinheiro', entrou em Judas Iscariotes.

João 13:2 diz: *"Estava sendo servido o jantar, e o Diabo já havia induzido Judas Iscariotes, filho de Simão, a trair Jesus."* Isso não quer dizer que o Diabo trabalhou nos pensamentos de Judas, mas que ele já havia capturado o seu coração completamente e, assim, Judas finalmente praticou o ato de vender Jesus.

Obviamente, Satanás não pode simplesmente colocar pensamentos malignos nas pessoas da forma que quer. No caso de Judas, ele deixou que seus pensamentos fossem capturados por Satanás, porque o seu coração era mau. No fim, colocou a maldade em prática, vendendo seu mestre.

1 João 3:8 diz: *"Aquele que pratica o pecado é do Diabo, porque o Diabo vem pecando desde o princípio. Para isso o Filho de Deus se manifestou: para destruir as obras do Diabo."* Como Jesus sabia disso, Ele disse: *"Não fui eu que os escolhi, os Doze? Todavia, um de vocês é um Diabo!"* (João 6:70) Jesus disse que Judas Iscariotes, que O trairia, vendendo-O, era o Diabo.

Vemos, pois, que a função do diabo é fazer com que cometamos pecados. Aqueles que andam na prática do pecado são seus filhos.

Portanto, "O Diabo lançará alguns de vocês na prisão para prová-los" significa que o Diabo capturaria o coração de alguns homens maus, a fim de colocar a maldade em prática. 'Prisão' é o lugar para onde o criminoso vai para pagar por seu crime. Assim, o fato de haver uma prisão significa que há lei e promotor.

## A Retribuição Varia de Acordo com a Magnitude do Pecado e Medida da Fé

No próprio mundo físico há lei, e somos julgados de acordo com a seriedade do nosso pecado. No mundo espiritual, quando vivemos na verdade, somos protegidos por Deus, mas quando a violamos, o inimigo nos traz testes e provações, isto é, também pagamos por nossos pecados.

Haverá retribuições se cometermos obras da carne, que são pecados cometidos em ação. "O Diabo lançará alguns de vocês na prisão para prová-los" quer dizer isso.

Provações e adversidades variam de acordo com a seriedade do pecado, mas também serão diferentes, dependendo da medida da fé de cada um. Mesmo que o pecado seja o mesmo, a punição será diferente para pessoas com diferentes medidas de fé.

Lucas 12:47-48 diz: *"Aquele servo que conhece a vontade de seu senhor e não prepara o que ele deseja, nem o realiza, receberá muitos açoites. Mas aquele que não a conhece e pratica coisas merecedoras de castigo, receberá poucos açoites. A quem muito foi dado, muito será exigido; e a quem muito foi confiado, muito mais será pedido."*

'A quem muito foi dado' é uma referência àquele cuja fé é grande. Em contraste, 'aquele que não conhece bem a vontade do seu senhor é aquele cuja fé é pequena. Deus irá requerer mais daqueles que conhecem a vontade do mestre e não agem, isto é, daqueles que possuem uma medida de fé maior, mas não seguem a vontade de Deus.

Tiago 3:1 diz: *"Meus irmãos, não sejam muitos de vocês mestres, pois vocês sabem que nós, os que ensinamos, seremos julgados com maior rigor."* Se tivermos uma fé maior que a dos outros e nos tornarmos mestres ou professores, teremos de, obviamente, viver pela palavra de Deus.

Caso contrário, poderemos enfrentar adversidades e provações que variarão, segundo a medida da nossa fé. Em alguns casos, as tribulações acabam rápido ao nos arrependermos e mudarmos de atitude, mas em outros, ainda que nos arrependamos, nada acontecerá.

No caso do rei Davi, que foi um homem segundo o coração de Deus, além de tomar a mulher de um de seus leais subordinados, colocou-o na linha de frente de batalha para matá-lo. Por causa disso, mesmo depois que ele se arrependeu, ele teve de enfrentar grandes dificuldades. Em outras palavras, ele teve de fugir de seu filho Absalão e muito sofreu. Como sua fé era grande, seu castigo também o foi.

Os 'dez dias' são todos esses tipos de testes e provações. O número dez é o número cheio no sistema decimal e quer dizer 'todos os tipos', portanto, a 'provação por dez dias' simboliza todos os tipos de provações que podemos enfrentar na terra.

## Como Sair das Tribulações

A Bíblia contém todos os caminhos para que alguém receba bênçãos e fala por que podemos sofrer com adversidades e provações.

Alguns crentes dizem que têm fé, mas pecam e não guardam o Sábado nem dão o dízimo corretamente – que são coisas básicas em uma vida cristã – e assim, vêm a sofrer com adversidades e provações. Obviamente, entretanto, não é que seremos protegidos de tudo só porque guardamos o Sábado e damos o dízimo.

No caso de recém-convertidos, que acabaram de entrar na fé cristã, quando dão o dízimo corretamente e guardam o Sábado, Deus considera isso como obras de fé e os protege. Todavia, no caso daqueles de quem se espera que tenham uma medida considerável de fé, as coisas são diferentes – à medida que sua fé cresce, suas obras têm de se aperfeiçoar mais e mais.

Enquanto sua fé cresce, haverá provações e refinamentos, a fim de aumentar sua fé e firmá-los na verdade mais ainda.

Não devemos falar palavra nenhuma de inverdade que vá permitir que Satanás nos acuse. Temos de tentar ter paz e santidade com todo mundo, pois à medida que a nossa fé cresce, Satanás tentará nos acusar até na menor das coisas, para nos prejudicar.

Acima de qualquer coisa, o mais importante é que temos de nos arrepender dos nossos pecados e quebrar o muro de pecados entre nós e Deus. Depois, temos de mudar de atitude e trabalhar fielmente para o reino de Deus. Deus não quer apenas fidelidade carnal, mas espiritual também.

Quando Jesus falou para a Igreja de Esmirna ser fiel até a morte, não era só a fidelidade de entregar a vida física, mas também a fidelidade espiritual. Então, o que 'ser fiel até a morte' significa?

## Ser Fiel até a Morte é a Fé do Martírio

Por exemplo, se um ministro é fiel ao rei de seu país, significa que ele pode entregar a sua vida por ele. Da mesma maneira, ser fiel ao reino de Deus é ser capaz de entregar até mesmo as nossas próprias vidas; é trabalhar duro com a fé do martírio.

Não devemos pensar, entretanto, que se trata apenas do martírio físico. O mais importante é o martírio espiritual.

Martírio espiritual é lutar com todas as forças contra todos os pecados e formas de maldade, despojando-nos de todos eles e não nos comprometendo com o mundo, a fim de amarmos e agradarmos a Deus.

Semelhantemente, se lutarmos e nos livrarmos de todos os pecados, não mais teremos 'ego' ou 'eu.' Só a palavra de Deus, a verdade, viverá em nós, e guardaremos todos os 66 livros da Bíblia.

Como o apóstolo Paulo confessou em 1 Coríntios 15:31, dizendo: *'todos os dias enfrento a morte'*, se o nosso 'eu' morrer completamente e nos despojarmos de toda forma de mal, conseguiremos cumprir todos os nossos deveres fielmente. Conseguiremos orar com lágrimas e amor por almas que estão seguindo por um caminho de morte.

Fidelidade espiritual é santificar nosso coração e cumprir nossos deveres, entregando toda a nossa vida, do fundo de um santo coração.

Hoje, pode parecer que não nos encontramos em uma situação em que precisemos da fé para o martírio e podemos até pensar que não há como checarmos se temos esse tipo de fé ou não. É que não estamos pregando o evangelho em um estado comunista ou islâmico.

Mas, não é bem assim. Deus nos faz checar se temos a fé do martírio ou não, permitindo que passemos por coisas que podem nos tornar como mártires. Entretanto, é claro que, se a nossa fé não for suficiente para vencer esse tipo de provação, não a enfrentaremos.

Tiago 1:12 diz: *"Feliz é o homem que persevera na provação, porque depois de aprovado receberá a coroa da vida, que Deus prometeu aos que o amam."*

Em outras palavras, a coroa da vida não será dada

simplesmente a todo mundo, mas somente àqueles que perseveraram em provações e foram reconhecidos por Deus.

E não somos reconhecidos por Deus depois de vencer em apenas uma provação. Somente aqueles, que são completamente santificados, ficam firmes sobre a rocha da fé e têm um coração firme, incondicional. São as pessoas que não se abalam e nem são inconstantes, independentemente das circunstâncias que vivem.

## A Coroa da Vida é Dada Quando Se É Fiel até a Morte

A coroa da vida é dada quando perseveramos em todos os tipos de provações e tribulações e somos fiéis até a morte. De fato, ela é dada aos que vão para o terceiro reino dos céus entre os diferentes lugares do céu.

Para entendermos isso, teremos de examinar brevemente os lugares do céu dados às pessoas, de acordo com a medida da fé de cada uma.

Suponha que haja uma pessoa que teve apenas a fé para receber a salvação e outra que foi fiel até a morte. E se essas duas pessoas forem tratadas da mesma forma no reino celestial? Não seria justo. Assim sendo, Deus nos dá diferentes lugares celestiais e recompensas, de acordo com o quanto vivemos, segundo a Sua palavra na terra.

Primeiro, aqueles que são meramente salvos irão para o Paraíso e não receberão coroa alguma. Eles tiveram apenas a fé para serem salvos, mas não armazenaram nenhuma recompensa celestial, enquanto viviam na terra.

Depois, aqueles que vão para o 1º reino dos céus receberão a "Coroa Imperecível" encontrada em 1 Coríntios 9:25. Esses tiveram a fé para viver segundo a palavra de Deus e tentaram não participar das coisas carnais e perecíveis do mundo. É por isso que lhes será dada uma coroa 'imperecível.'

Os que vão para o 2o reino dos céus receberão a *"coroa de glória"* (1 Pedro 5:4). Por terem vivido um vida que glorificava a Deus, receberão a coroa de glória.

Em seguida, o terceiro reino dos céus é um lugar para aqueles que se despojaram completamente da maldade e tiveram a fé para amar a Deus com todas as suas forças. Essas pessoas receberão a Coroa da Vida, que também foi prometida, sob uma condição, à Igreja de Esmirna.

Por último, aqueles que não só se santificaram completamente, mas também foram fiéis em toda a casa de Deus, receberão a Coroa de Ouro (Apocalipse 4:4) e a coroa da justiça (2 Timóteo 4:8).

Além dessas, ainda há muitas outras coroas no céu que serão dadas às pessoas, de acordo com o que realizaram na terra.

Romanos 8:35 diz: *"Quem nos separará do amor de Cristo? Será tribulação, ou angústia, ou perseguição, ou fome, ou nudez, ou perigo, ou espada?"* Se o nosso amor pelo Senhor for fervoroso e apaixonado como o de Paulo, conseguiremos ser fiéis até a morte pela igreja, o corpo de Cristo.

Além do mais, iremos aos níveis espirituais mais profundos e poderemos, assim, receber mais do amor de Deus e glorificá-Lo ainda mais.

~

# A Promessa Do Senhor Dada à Igreja de Esmirna

"Aquele que tem ouvidos ouça o que o Espírito diz às igrejas. O vencedor de modo algum sofrerá a segunda morte" (Apocalipse 2:11).

Os crentes da Igreja de Esmirna haviam sofrido e ainda sofreriam mais pelo nome do Senhor, mas Ele não apenas os confortou dizendo: "Conheço seus sofrimentos. Perseverem mais um pouco."

Jesus os aconselhou a ser ainda mais fiéis, a ponto de morrer, para que recebessem bênçãos ainda maiores e mais recompensas. Todos os sofrimentos e provações que a Igreja de Esmirna passou se reverteram certamente em bênçãos e recompensas para eles.

Entretanto, o simples fato de vencermos testes e provações não nos faz sermos já elogiados por Deus. Seremos louvados por

Ele só quando fizermos coisas que estão além daquelas que Ele espera que façamos.

De certa forma, é natural que um filho de Deus sofra provações e perseguições pelo nome do Senhor. Assim, ao invés de confortá-los, o Senhor lhes falou para serem fiéis até a morte, para que pudessem receber bênçãos e recompensas ainda maiores. Isso foi uma expressão do amor de Deus.

## Precisamos Prestar Atenção na Palavra de Deus

Apesar de Deus nos dar Sua palavra de promessa, de nada vale se não prestarmos atenção nela. Como dito: *"As minhas ovelhas ouvem a minha voz; eu as conheço, e elas me seguem"* (João 10:27), os filhos de Deus que receberam o Espírito Santo devem ouvir aquilo que o Espírito Santo lhes está dizendo. É por isso que o Senhor disse à Igreja de Esmirna: "Aquele que tem ouvidos ouça o que o Espírito diz às igrejas."

Não se trata apenas do ouvido físico, mas dos ouvidos espirituais que discernem a verdade. Devemos ter ouvidos espirituais para ouvir a voz do Espírito Santo, que nos guia pela verdade e nos faz conhecer o coração e a vontade de Deus. Só assim poderemos entender os significados espirituais contidos na palavra de Deus que é pregada.

Esse tipo de ouvido espiritual ficará mais sensível, à medida que nos livrarmos da maldade de nossos corações. Da mesma forma, quanto mais maldade tivermos em nossos corações, menos sensíveis serão os nossos ouvidos espirituais e, logo, não entenderemos a palavra de Deus, quando a ouvirmos, e não seremos guiados pelo Espírito Santo.

Podemos ter alguma maldade no coração e não conseguimos ouvir a voz do Espírito Santo. Todavia, mesmo nesse caso, se simplesmente obedecermos à palavra de Deus com um 'Sim' e 'Amém', logo alcançaremos o nível de ouvir a voz do Espírito claramente. Então, teremos a habilidade de discernir as coisas, segundo a palavra de Deus, e conseguiremos vencer qualquer teste, provação ou tentação.

'O vencedor' significa aquele que lutou com todas as suas forças para se livrar do pecado e da maldade com a palavra de Deus. O Senhor disse que esse tipo de pessoa não experimentaria a segunda morte. Mas, o que é a segunda morte, e o que é experimentá-la?

## A Igreja de Esmirna Não Experimentará a Segunda Morte

Quando Deus chama o nosso espírito, nosso corpo logo vira um frio cadáver, e, depois de algum tempo, volta ao pó. Quando a nossa vida física termina, essa é a primeira morte.

A segunda morte é quando o nosso espírito, o mestre do homem, é enviado para o fogo eterno do inferno.

No livro de Apocalipse, podemos ver que os nomes que estão escritos no Livro da Vida também podem ser apagados, e essas pessoas serão lançadas no lago de fogo.

*"Vi também os mortos, grandes e pequenos, em pé diante do trono, e livros foram abertos. Outro livro foi aberto, o livro da vida. Os mortos foram julgados de acordo com o que tinham feito, segundo o que estava registrado nos livros. O mar entregou os mortos que nele havia, e a morte e o Hades entregaram os mortos que neles havia; e cada um foi julgado de acordo com o que tinha feito. Então a morte e o Hades foram lançados no lago de fogo. O lago de fogo é a segunda morte. Aqueles cujos nomes não foram encontrados no livro da vida foram lançados no lago de fogo"* (Apocalipse 20:12-15).

Aqueles que vivem em inverdade e pecados, isto é, que não vivem na palavra de Deus e não perseveram, sofrerão a segunda morte; eles sofrerão para sempre no eterno fogo do inferno.

No entanto, aqueles que vivem pela palavra de Deus, que não são abalados mesmo em testes e provações, mas perseveram, não experimentarão a segunda morte, mas a vida eterna.

O Senhor deu essa palavra à Igreja de Esmirna, porque Ele quer que não somente aqueles que irão para a Coreia do Norte, mas também todos os leitores de Sua mensagem, superem todas as provações, sejam fiéis até a morte e recebam a Coroa da Vida.

Além disso, o Senhor está nos falando para proclamarmos aqueles que não conhecem a verdade e estão indo para a morte; temos de ousadamente pregar para eles para que não temam as provações, mas recebam a salvação seguindo a verdade.

Esse é um dever de todos nós. Qualquer indivíduo ou igreja que cumprem esse dever fielmente receberão as bênçãos de Deus e recompensas celestiais eternas.

Não podemos nos esquecer de uma coisa aqui. Vemos o seguinte em 1 Timóteo 5:22: *"Não se precipite em impor as mãos sobre ninguém e não participe dos pecados dos outros. Conserve-se puro."* Não podemos ser preguiçosos em purificar e santificar a nós mesmos.

*"Que o próprio Deus da paz os santifique inteiramente. Que todo o espírito, a alma e o corpo de vocês sejam preservados irrepreensíveis na vinda de nosso Senhor Jesus Cristo"* (1 Tessalonicenses 5:23). Como vemos, que sejamos santificados inteiramente e não tenhamos nenhuma mancha, para que entremos na Nova Jerusalém.

# Capítulo 3

# Igreja de Pérgamo
## - Morna e Manchada por Teoria Herética

A Igreja de Pérgamo foi louvada por ter guardado sua fé mesmo sob perseguições e dificuldades. No entanto, eles foram severamente repreendidos, porque havia crentes que seguiam os ensinamentos dos nicolaítas.

A mensagem é dada a todas as igrejas de hoje que são mornas e se cedem ao mundo ou seguem ensinamentos heréticos.

"Ao anjo da igreja em Pérgamo escreva: Estas são as palavras daquele que tem a espada afiada de dois gumes. Sei onde você vive — onde está o trono de Satanás. Contudo, você permanece fiel ao meu nome e não renunciou à sua fé em mim, nem mesmo quando Antipas, minha fiel testemunha, foi morto nessa cidade, onde Satanás habita.

No entanto, tenho contra você algumas coisas: você tem aí pessoas que se apegam aos ensinos de Balaão, que ensinou Balaque a armar ciladas contra os israelitas, induzindo-os a comer alimentos sacrificados a ídolos e a praticar imoralidade sexual.

De igual modo você tem também os que se apegam aos ensinos dos nicolaítas.

Portanto, arrependa-se! Se não, virei em breve até você e lutarei contra eles com a espada da minha boca.

Aquele que tem ouvidos ouça o que o Espírito diz às igrejas. Ao vencedor darei do maná escondido. Também lhe darei uma pedra branca com um novo nome nela inscrito, conhecido apenas por aquele que o recebe."

# A Carta do Senhor à Igreja de Pérgamo

"Ao anjo da igreja em Pérgamo escreva: Estas são
as palavras daquele que tem a espada afiada de dois
gumes" (Apocalipse 2:12).

Pérgamo começou a aparecer na história aproximadamente nos
tempos de Lisímaco, um dos generais de Alexandre, o Grande. Ele
viu que o lugar era uma fortaleza natural e começou a desenvolvê-
la. Desde então, a cidade se tornou o centro da cultura helenística.
Seu ranking cultural foi comparado até com o de Alexandria, uma
das cidades mais culturalmente significantes da história.

Pérgamo era um lugar de muitas religiões. A idolatria era tão
presente na vida das pessoas que o santuário de Esculápio era
como um hospital.

Vez que estava prosperando como um dos estados do Império Romano, o povo construiu muitos santuários em adoração ao imperador, e os cristãos que não o adoravam começaram a ser perseguidos.

A Igreja de Pérgamo foi estabelecida sob muitas perseguições. No início, guardaram sua fé, mas depois que o Império Romano aceitou o cristianismo como a religião do estado, eles se secularizaram. É por isso que foram tanto elogiados como repreendidos pelo Senhor.

## O Senhor Tem a Espada Afiada de Dois Gumes

A carta à Igreja de Pérgamo começa dizendo: *"Ao anjo da igreja em Pérgamo escreva: Estas são as palavras daquele que tem a espada afiada de dois gumes"* (v. 12). Primeiro se menciona quem está mandando a carta para quem.

O anjo da igreja se refere ao pastor da igreja e a espada de dois gumes simboliza a palavra de Deus. Hebreus 4:12 diz: *"Pois a palavra de Deus é viva e eficaz, e mais afiada que qualquer espada de dois gumes; ela penetra até o ponto de dividir alma e espírito, juntas e medulas, e julga os pensamentos e intenções do coração."*

Aquele que tem a palavra de Deus como espada de dois gumes é Jesus Cristo. João 1:14 diz: *"Aquele que é a Palavra tornou-*

*se carne e viveu entre nós. Vimos a sua glória, glória como do Unigênito vindo do Pai, cheio de graça e de verdade."* Jesus é o Filho de Deus, é a Palavra que veio à terra em carne.

Além disso, como vemos na segunda parte de João 1:1: *"A palavra era Deus",* Jesus é um com Deus, que é a palavra em si. Jesus, o Filho de Deus, que veio à terra em carne, é o próprio Deus em origem. Ele é o mestre de todas as coisas no céu e na terra. Ele é o rei dos reis e Senhor dos senhores.

Então, como a palavra de Deus, que é mais afiada que espada de dois gumes, trabalha em nós?

## Como a Palavra de Deus Trabalha em Nós

Nenhum outro livro neste mundo tem vida ou poder para trabalhar no ser humano. Só a palavra de Deus. Só ela tem vida, e quando cremos e agimos de acordo com ela, aquilo que está escrito se cumpre. Nela vemos a obra da vida e a obra de ressuscitar espíritos.

O Salmo 37:4 diz: *"Deleite-se no SENHOR, e ele atenderá aos desejos do seu coração."* Para nos deleitarmos em Deus, primeiro temos de deleitá-Lo. Assim, conseguiremos receber respostas às nossas orações (Provérbios 11:20; 12:22; Hebreus 11:6). Quando acreditamos nessa palavra e a praticamos, somos respondidos. Assim, podemos certamente ver que a palavra de

Deus é viva.

A palavra de Deus também é como espada de dois gumes, penetrando até o ponto de dividir alma e espírito, juntas e medulas. A alma, como um todo, se refere à memória do cérebro humano, ao conhecimento contido nela e à operação de utilizar esse conhecimento. O espírito, por sua vez, é algo que nunca muda ou perece, mas é eterno. O espírito é vida e verdade em si.

O homem é composto por espírito, alma e corpo. Originalmente, o espírito governava sobre a alma e o corpo, mas com o pecado de Adão, o espírito, o mestre do homem, morreu e ficou totalmente preso à alma.

Mas se qualquer pessoa aceita Jesus Cristo como seu Salvador, ela recebe o dom do Espírito Santo e o espírito morto é revivificado; e, à medida em que se livra da alma de inverdades, isto é, de conhecimentos cheios de inverdade, através da palavra de Deus, o seu espírito cresce e é completamente recuperado.

## "Juntas" Ilustram as Várias Estruturas Formadas Pela 'Justiça Própria'

A palavra de Deus quebra toda inverdade da alma e dá energia ao espírito para ser mais ativo. Ela também divide juntas e medulas. Aqui, 'juntas' não são as juntas físicas dos ossos, mas um símbolo das estruturas espirituais que a pessoa construiu.

Essas estruturas são formadas pelas coisas que a pessoa vê, ouve e aprende. Assim, de fato contém muitas inverdades. Elas são formadas, quando a 'justiça própria' é solidificada. 'Justiça própria' é o que a pessoa pensa ser certo ao seu próprio ponto de vista.

No caso de algumas pessoas, suas personalidades podem se tornar sua estrutura, mas há também casos onde o conhecimento, a educação, os gostos, os hábitos e outros comportamentos das pessoas também podem se tornar essas estruturas. Se as temos assim já estabelecidas, podemos ter conflitos, quando opiniões são diferentes daquilo que a gente pensa. Somos mais propícios ainda a julgar e condenar os outros sem entendê-los.

Isso pode ser visto no dia-a-dia de várias formas. Por exemplo, no caso da pessoa que teve de fazer tudo na vida sozinha, sem ninguém com quem compartilhar o seu coração, ela pode ter dificuldades de se relacionar com os outros. Seu jeito introvertido torna-se uma estrutura e ela não consegue se aproximar facilmente dos outros.

Nesse caso, se as pessoas ao seu redor são extrovertidas, elas podem interpretá-la mal. Podem julgá-la pensando: "Essa pessoa é egoísta e arrogante."

Mas, mesmo com estruturas muito fortes, às vezes o indivíduo não demonstra exteriormente, isto é, ele não insiste em sua justiça própria e não tem muito conflito com os outros. No entanto, esse tipo de pessoa não aceita conselho das outras e não muda facilmente.

Só a palavra de Deus pode quebrar os vários tipos de estruturas que temos. Todavia, se a pessoa tem uma grande estrutura e não abre o seu coração, a palavra de Deus não pode entrar à força.

Só quando a pessoa abre o seu coração é que a palavra de Deus pode entrar e transformar as coisas, pois Deus trabalha de forma justa.

Se reconhecermos o fato de que temos uma estrutura pessoal, abrirmos nosso coração com humildade e tomarmos a atitude de aceitar a palavra de Deus, Ele pode quebrar, com a Sua palavra, até as estruturas mais fortes dentro de nós.

## 'Medulas' Simboliza a Forma de Maldade Arraigada no Coração do Indivíduo

A medula é um tecido conector macio e altamente vascular que ocupa as cavidades da maioria dos ossos. Espiritualmente, ela simboliza o pecado e a maldade arraigados no nosso interior. Assim como a medula está profunda dentre os ossos, as formas de maldade também estão profundas no coração do homem.

A forma de maldade que é vista por fora pode ser encontrada facilmente, mas a maldade que está arraigada profundamente em nossa natureza geralmente passa despercebida. Às vezes podemos achar que não invejamos ou temos ciúmes de ninguém, mas em circunstâncias extremas, achamos a maldade que estava escondida dentro de nós e ela transparece.

Foi o caso de Jó, no Velho Testamento. Jó não se considerava uma má pessoa. Até onde ele sabia, ele fazia tudo perfeitamente, tanto em obras como dentro de seu coração. Mas, certamente ele tinha maldade no fundo de sua natureza. Foi por isso que, quando Satanás o acusou, Deus permitiu que tribulações acontecessem, para que ele pudesse se dar conta de sua maldade.

Ele sofreu muito: perdeu sua família e riqueza e teve terríveis dores das feridas que apareceram em todo o seu corpo. Agora, sua maldade, da qual ele não tinha conhecimento, começou a transparecer.

Foi então que Deus lhe explicou tudo e ele pôde perceber sua maldade. Ele se arrependeu profundamente e se despojou dela, indo, assim, para um nível espiritual mais profundo. Enfim, ele ficou duas vezes mais rico do que era antes.

Justiça própria e estruturas, assim como 'juntas' e 'medula', são partes do corpo. Podem ser removidas somente pela espada da palavra de Deus. Só quando quebramos essa justiça própria e estruturas é que podemos nos tornar santos filhos de Deus.

No entanto, não é todo pregador que pode aprofundar a ponto de dividir juntas e medula. As mensagens têm de ser espirituais, para que isso aconteça, e o pregador precisa ter autoridade sobre suas palavras.

A palavra dada pelo Senhor, que tem a autoridade sobre a palavra como uma espada de dois gumes, à igreja de Pérgamo, é também dada a todas as igrejas de hoje.

## Situações de Hoje Como as da Igreja de Pérgamo

A mensagem dada à Igreja de Pérgamo é para as igrejas e crentes que estão mornos ou que estão manchados por teorias heréticas. São aqueles que clamam a Deus, mas negam a Jesus Cristo, e aqueles que trapaceiramente mudam a palavra de Deus.

Eles não apenas enganam a si mesmos, mas também a outros que acreditam em sua falsa teoria. O Senhor, porém, não abandona essas pessoas, mas coloca a Sua luz sobre suas falsas concepções com a palavra de Deus, que é como espada de dois gumes. O Senhor deu a Sua palavra para fazê-los se arrepender e mudar de atitude, a fim de que pudessem ser salvos.

No dia do julgamento, alguém pode dar a desculpa de que não sabia das coisas. Mas, quando suas obras e palavras são refletidas à luz da palavra de Deus, suas inverdades serão claramente reveladas.

Embora essas pessoas possam pregar a palavra de Deus e ter a forma de uma igreja por fora, heresias são obras de Satanás. Elas mudam a essência da palavra de Deus sutilmente.

Devemos discernir as heresias não com parâmetros humanos,

mas somente com a palavra de Deus. Todavia, a verdade é que mais e mais igrejas julgam e condenam outras como heréticas, só porque suas doutrinas e teorias são um pouco diferentes.

## O Que É Heresia Segundo a Bíblia

2 Pedro 2:1 diz: *"No passado surgiram falsos profetas no meio do povo, como também surgirão entre vocês falsos mestres. Estes introduzirão secretamente heresias destruidoras, chegando a negar o Soberano que os resgatou, trazendo sobre si mesmos repentina destruição."*

O melhor padrão para se discernir heresias é ver se aceitam ou negam o Senhor e que Ele os comprou. Em outras palavras, se alguém não acredita em Jesus Cristo como o Salvador, ele pode ser chamado de herético. Jesus Cristo nos limpou dos nossos pecados e nos salvou através de Seu sangue. Assim, todos os filhos salvos de Deus foram comprados pelo Senhor com o Seu sangue.

Não existia a expressão 'heresia' antes que Jesus fosse crucificado e cumprisse o Seu dever como o Cristo ao ressuscitar, porque 'Jesus' significa 'Aquele que salvará o Seu povo de seus pecados' (Mateus 1:21), e 'Cristo' é a palavra grega para 'Messias', que significa 'aquele que é ungido.'

Só depois que Jesus cumpriu o Seu dever como o Cristo, ao ressuscitar, passamos a poder dizer que alguém é herético, já que ele nega Jesus Cristo, 'o Senhor que os comprou.' É por isso que a palavra 'heresia' não aparece no Velho Testamento ou nos Quatro Evangelhos.

Enquanto nos aproximamos do fim, mais heresias aparecem. Mais pessoas agem como se fossem o Salvador. Enganam outras pessoas, ensinando como se tivéssemos de ser salvos através delas. Com o passar do tempo, elas revelam sua identidade. Elas gostam de obscenidade, atrapalham as pessoas de seguirem pelo caminho da verdade e coletam dinheiro de seus seguidores. Fazem muitas coisas fora da lei. Obviamente, não devemos julgar os outros como heréticos só de ver coisas fora da lei; a menos que neguem o Senhor.

Pode ser necessário que aconselhemos essas pessoas e até mesmo as repreendamos, para que elas possam se arrepender; mas não podemos julgá-las como heréticas só por causa de algumas coisas ilegais que fazem, a não ser que neguem Jesus Cristo.

Podemos ter um claro entendimento disso através das palavras de Gamaliel, o mestre, que falou àqueles que estavam julgando e condenando outros que criam em Jesus Cristo.

*Então lhes disse: "Israelitas, considerem cuidadosamente o que pretendem fazer a esses homens. Há algum tempo, apareceu Teudas, reivindicando ser alguém, e cerca de quatrocentos homens se juntaram a ele. Ele foi morto, todos os seus seguidores se dispersaram e acabaram em nada. Depois dele, nos dias do recenseamento, apareceu Judas, o galileu, que liderou um grupo em rebelião. Ele também foi morto, e todos os seus seguidores foram dispersos. Portanto, neste caso eu os aconselho: deixem esses homens em paz e soltem-nos. Se o propósito ou atividade deles for de origem humana, fracassará; se proceder de Deus, vocês não serão capazes de impedi-los, pois se acharão lutando contra Deus"* (Atos 5:35-39).

## Falsos Profetas, Falsos Mestres e o Anticristo

Podemos ler, em 2 Pedro 2:1, sobre falsos profetas e falsos mestres que introduzem heresias destrutivas secretamente, até a de negar o Mestre que os comprou. Aqui, 'falso' não é simplesmente falar mentiras para enganar os outros, mas é a negação de Jesus Cristo que é a verdade.

1 João 2:22 diz: *"Quem é o mentiroso, senão aquele que nega que Jesus é o Cristo? Este é o anticristo: aquele que nega o Pai e o Filho."* Como vemos, mentiroso é aquele que nega que Jesus é o Cristo, e o anticristo é aquele que nega o Pai e o Filho.

Portanto, 1 João 4:1-3 diz: *"Amados, não creiam em qualquer espírito, mas examinem os espíritos para ver se eles procedem de Deus, porque muitos falsos profetas têm saído pelo mundo. Vocês podem reconhecer o Espírito de Deus deste modo: todo espírito que confessa que Jesus Cristo veio em carne procede de Deus; mas todo espírito que não confessa Jesus não procede de Deus. Esse é o espírito do anticristo, acerca do qual vocês ouviram que está vindo, e agora já está no mundo."*

Os anticristos são aqueles que se levantam contra Jesus Cristo com a palavra de Deus. Eles negam o caminho da salvação através de Jesus Cristo. Negar a Cristo é o mesmo que se levantar contra Deus.

Se não queremos ser enganados, devemos ser capazes de discernir o que é heresia, reconhecer falsos profetas, falsos mestres e o anticristo, de acordo com a Bíblia. Também devemos ser capazes de fazer com que os outros entendam as coisas com a espada de dois gumes de Deus. Entretanto, isso não quer dizer que temos de discutir com essas pessoas.

Tito 3:10 diz: *"Quanto àquele que provoca divisões, advirta-o uma primeira e uma segunda vez. Depois disso, rejeite-o."* Como dito, podemos advertir essas pessoas apenas uma ou duas vezes com a palavra de Deus. Se elas nos derem ouvidos e mudarem de atitude, então algo bom aconteceu; mas se não agirem assim, é melhor ficar longe delas.

Isso porque, a menos que fiquemos firmes sobre a verdade, podemos ser afetados por suas teorias, enquanto discutimos com elas. Elas fazem mudanças sutis na palavra e conseguem penetrar na fraqueza de cada pessoa. Dessa forma, não devemos discutir com elas sem ter profundo conhecimento da palavra de Deus.

Quando uma pessoa, que não tem muito discernimento, é afetada por uma teoria herética, é difícil ela perceber as coisas e voltar atrás. É essa a razão pela qual o Senhor está nos dizendo para evitar discussões e ficar longe de quem provoca divisões.

## O Amor de Deus Por Todos os Homens

O Senhor está dando chances de arrependimento e conversão àqueles que defendem alguma teoria herética, como os Testemunhas de Jeová. Através da palavra dada à Igreja de Pérgamo, o Senhor queria deixar um lembrete para acordar aqueles crentes e igrejas de hoje que são como aquela Igreja.

Ele também advertiu em relação a ceder para o mundo. É que o homem tem naturezas da carne que tentam seguir o caminho que bem entendem, mesmo conhecendo a vontade de Deus. Falamos que seguimos a vontade de Deus, mas se permitirmos que naturezas carnais entrem em nossos corações uma por uma, elas podem fazer com que mudemos a palavra de Deus. No fim, podem acabar nos levando a alguma teoria herética.

Para que essas pessoas se deem conta do que está acontecendo, precisamos da palavra de vida com autoridade, que pode penetrar até o ponto de dividir alma, espírito, juntas e medula. Também precisamos confirmar a palavra pregada através de obras miraculosas do poder de Deus. Só quando isso é realizado é que aqueles afetados por teorias heréticas conseguem se arrepender e mudar de atitude, passando a seguir a verdade.

É claro, todavia, que não são muitas pessoas que pertencem a essa categoria; mas Deus quer que todos sejam salvos e alcancem o conhecimento da verdade (1 Timóteo 2:4). Mesmo nos casos em que é muito difícil a pessoa ser salva, se ainda houver bondade em seu coração, ela receberá uma chance pela graça do Senhor e a ajuda do Espírito Santo.

Quando pregamos o evangelho, podemos ver que é mais difícil pregar para aqueles que têm um conhecimento limitado e raso da Bíblia e são afetados por pensamentos heréticos, que pregar para quem não sabe nada do evangelho. Logo, para espalhar a verdade, precisamos de poder e autoridade.

Precisamos mostrar evidências, quando pregamos sobre Jesus Cristo e o evangelho do reino dos céus, para que as pessoas não tenham como negar, mas só aceitar o que ouvem. Caso contrário, se gastarmos muito esforço para pregar o evangelho, não podemos colher frutos abundantes do evangelismo.

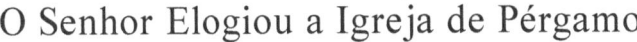

# O Senhor Elogiou a Igreja de Pérgamo

"Sei onde você vive – onde está o trono de Satanás. Contudo, você permanece fiel ao meu nome e não renunciou à sua fé em mim, nem mesmo quando Antipas, minha fiel testemunha, foi morto nessa cidade, onde Satanás habita" (Apocalipse 2:13).

Pérgamo era uma das maiores cidades da Ásia naqueles dias. Era um centro político e acadêmico. Era uma cidade de extravagância e idolatria. Pérgamo era cheia de santuários e templos para adoração de ídolos, como os templos de Zeus, Dionísio, Atenas, Esculápio e 3 enormes santuários para adoração do imperador romano. Havia um templo especial, o templo de Esculápio, que era um lugar para adoração de serpentes.

Pérgamo era a cidade onde estava o trono de Satanás, e a Igreja de Pérgamo vivia em tal ambiente. É por isso que o Senhor diz: "Sei onde você vive – onde está o trono de Satanás."

## A Igreja de Pérgamo Manteve a Fé em Um Lugar Onde Estava o Trono de Satanás

Quando o Senhor disse à Igreja de Pérgamo que sabia onde eles estavam, isso quer dizer que Ele sabia que eles estavam vivendo em um lugar cheio de ídolos; mas que Ele também sabia que sua fé não estava muito firme – baseado na palavra de Deus. Ele estava falando que na situação em que se encontravam, era fácil serem enganados por falsos ensinos, resultantes de mudanças sutis na palavra de Deus.

O trono de Satanás se refere ao lugar onde Satanás se senta; quer dizer que Pérgamo era cheio de ídolos. Não é fácil manter a fé, quando se vive em um lugar cheio de pecados e com uma cova de Satanás, pois este traz muitas perseguições, testes e tribulações sobre os crentes, a fim de fazer com que seja difícil guardarem a fé.

Sob severa perseguição, Antipas foi martirizado e o seu martírio se tornou fonte de força para outros crentes manterem a fé e perseverarem. O Senhor os louvou nesse ponto.

O Senhor chama Antipas de 'minha fiel testemunha'. A partir dessa palavra do Senhor, podemos ter uma boa ideia da fé de

Antipas. Ele despojou-se do pecado e maldade de seu coração, refletiu o Senhor diligentemente e pregou o evangelho toda a sua vida. Enquanto cumpria seu dever como testemunha do Senhor, foi eventualmente martirizado.

Há uma história que se conta a respeito do martírio de Antipas. Um oficial romano colocou-o na frente do ídolo e forçou-o a se curvar diante do ídolo do imperador.

Ele disse: "Antipas, curve-se diante do ídolo do Imperador de Roma."

Então Antipas respondeu dizendo: "Só há um Rei dos reis e Senhor dos Senhores; Ele é Jesus Cristo. Não me curvarei diante de nenhum outro."

O oficial ficou furioso e gritou: "Antipas, será que você não vê que o mundo todo está contra você?"

Antipas respondeu: "Então, contra todo o mundo eu reconheço Jesus Cristo como o Senhor dos senhores."

Com muita raiva, o oficial lançou Antipas em uma fornalha e o matou. Os membros da Igreja de Pérgamo mantiveram a fé, mesmo sob essas severas perseguições e tribulações.

Alguns crentes que não conhecem a verdade muito bem

podem ter perguntas como: "Se eles criam em Deus e foram fiéis, por que foram perseguidos e por que morreram martirizados?" "Se Deus vive de verdade, como Ele pode deixar alguém só?" Mas se esses crentes entenderem a vontade e providência de Deus, perceberão por que coisas assim acontecem.

## A Providência de Deus Através de Martírios

Existiram muitas mortes de mártires, não apenas na igreja primitiva como na Igreja de Pérgamo, onde Antipas morreu como mártir, mas também em todo lugar onde cristãos e o cristianismo se estabeleceram inicialmente.

Os cidadãos de Roma assistiam a todos os cristãos que morriam como mártires no Coliseu e os consideravam tolos, gostando do espetáculo. Logo depois, todavia, começaram a achar aquilo estranho.

"Como eles podiam ter sorrisos em seus rostos, enquanto morriam?"
"O que os havia feito assim"?
"Quem é Jesus, em Quem eles acreditavam?"

Então eles se interessavam pelo cristianismo e mais e mais pessoas queriam conhecer Jesus. Enfim, muitas pessoas ouviram o evangelho e aceitaram Jesus Cristo.

Além do mais, no tempo de Constantino I, o Grande, o cristianismo foi aprovado e mais tarde foi estabelecido como a religião do estado. Essa é a providência de Deus que os seres humanos não conseguem entender. Sem os martírios, o cristianismo não teria se espalhado em toda a Europa e em todo o mundo tão rapidamente.

A pessoa, que vive uma vida cristã como quer, não pode manter a fé, quando se encontra diante da dor do martírio e do medo da morte. As chances de ela abandonar a fé em situações extremas ou em que sua vida é ameaçada são maiores, já que ela não se despojou da maldade em seu coração.

Só aqueles que são fiéis com corações imutáveis é que conseguem guardar a fé, mesmo em situações de risco de morte. Eles conseguem morrer como mártires pela fé, à medida que se livram da maldade e alcançam a santificação. Esses mártires receberão grande honra e glória de Deus. Assim, na verdade, o martírio lhes será uma bênção.

~

# As Repreensões do Senhor à Igreja de Pérgamo

"No entanto, tenho contra você algumas coisas: você tem aí pessoas que se apegam aos ensinos de Balaão, que ensinou Balaque a armar ciladas contra os israelitas, induzindo-os a comer alimentos sacrificados a ídolos e a praticar imoralidade sexual. De igual modo você tem também os que se apegam aos ensinos dos nicolaítas. Portanto, arrependa-se! Se não, virei em breve até você e lutarei contra eles com a espada da minha boca" (Apocalipse 2:14-16).

Embora a Igreja de Pérgamo tenha sido elogiada, o Senhor começa a repreendê-la severamente. Antipas, que morreu como mártir, e outras pessoas que mantiveram a fé, seguindo-o, eram da Igreja de Pérgamo. Porém, havia também outras pessoas que não conseguiram manter a fé.

O Senhor diz que essas pessoas estavam se apegando aos ensinos de Balaão e repreendeu suas obras austeramente.

## Balaão Foi Tentado pela Fama e Dinheiro

Então, quem são as pessoas que se apegam aos ensinos de Balaão e dos nicolaítas? Para entendermos isso, precisamos dar uma olhada no incidente entre os israelitas e Balaão descrito em Números, capítulos 22-24.

Balaão, filho de Beor, vivia perto do rio Petor e podia falar com Deus. Um dia, Balaque, rei de Moabe, pediu-lhe um favor. Balaque pediu a Balaão para amaldiçoar os israelitas. Naquela época, Israel tinha passado 40 anos no deserto depois do Êxodo e estava para entrar na terra de Canaã.

Balaque, rei de Moabe, ouviu dizer que Deus estava com os israelitas e, quando soube que os israelitas estavam vindo para o seu país, teve muito medo e pediu ajuda a Balaão.

Quando Balaão perguntou a Deus qual era a Sua vontade, Ele disse: *"Não vá com eles. Você não poderá amaldiçoar este povo, porque é povo abençoado"* (Números 22:12).

Quando Balaão obteve essa resposta de Deus, ele recusou a proposta de Balaque. O rei, entretanto, enviou mais líderes com prata e ouro a Balaão e o seu coração se abalou. Também podemos viver situação assim.

Se destruirmos a tentação pela palavra de Deus, assim que ela vier, não seremos tentados de novo; mas se houver espaço em nosso coração para ela, ele será abalado, nem que seja um pouco, e Satanás certamente nos tentará novamente. E também se dermos a entender que resistimos à tentação aparentemente, mas não a vencermos no coração completamente, Satanás pode nos tentar novamente.

Balaão também pareceu ter passado no primeiro teste. No entanto, uma vez que ele tinha ganância e desejo por honra e dinheiro, ele foi tentado pela segunda vez. Então Deus lhe disse: *"Visto que esses homens vieram chamá-lo, vá com eles, mas faça apenas o que eu lhe disser"* (Números 22:20).

Era da vontade de Deus que ele não fosse, mas como Ele conhecia o coração de Balaão e porque ele estava perguntando a Deus de novo, deixou-o ir, seguindo sua vontade própria. No fim, ele não conseguiu vencer a tentação do dinheiro. Balaão ensinou a Balaque, rei de Moabe, como colocar os israelitas em dificuldade (Números 25:1-2).

Os israelitas estavam acostumados com os simples arredores de um campo selvagem. Estavam cansados da vida no deserto.

Mas, quando foram convidados para um lugar de idolatria, foram expostos de repente a coisas mundanas. Como resultado, comeram comida sacrificada a ídolos e começaram a cometer adultério com mulheres moabitas. Não era como nos dias de hoje, em que as pessoas circuncidam seus corações e livram-se dos pecados pela ajuda do Espírito Santo. Eles não puderam deixar de cair em coisas mundanas.

Como punição, 24.000 deles morreram em uma praga (Números 25:9). Inclusive, em 1 Coríntios 10:8, registra-se o número de mortos como sendo 23.000. O número de mortos em Números, 24.000, inclui os israelitas e as mulheres moabitas, enquanto o número de mortos em 1 Coríntios, 23.000, é o número que considera apenas os israelitas. Se lermos a Bíblia com a inspiração do Espírito Santo, podemos ver como ela é precisa.

O Senhor está dizendo aos que seguem o caminho de Balaão: 'vocês têm aí alguns que se apegam aos ensinos de Balaão.' Assim, qual é a lição espiritual que podemos tirar do incidente de Balaão?

## Advertência Sobre Ter uma Vida Cristã, que Achamos Estar Correta

Primeiro, há a advertência sobre viver uma vida cristã da forma como queremos, comprometendo a verdade com o mundo. Assim como Balaão foi para um caminho de morte, embora conhecesse a vontade de Deus, existem muitos cristãos que têm uma vida cristã comprometida com o mundo, isto é, eles amam o mundo e as coisas que nele há mais do que amam a

Deus.

Especialmente hoje, 1 Timóteo 6:10 diz: *"pois o amor ao dinheiro é a raiz de todos os males. Algumas pessoas, por cobiçarem o dinheiro, desviaram-se da fé e se atormentaram com muitos sofrimentos."* Por causa da avareza, há quem viole o Dia do Senhor ou roube o dízimo, que é de Deus (Malaquias 3:8).

Embora um servo de Deus tenha de se devotar à oração e ao ministério da palavra, há servos que são gananciosos por dinheiro e honra, ou cedem à autoridade do mundo.

No entanto, Mateus 6:24 diz: *"Ninguém pode servir a dois senhores; pois odiará um e amará o outro, ou se dedicará a um e desprezará o outro. Vocês não podem servir a Deus e ao Dinheiro."* Não apenas servos de Deus, mas também filhos de Deus devem amar somente a Ele e seguir somente a Sua vontade. Nossa fé não pode ser como a fé de Balaão, que cedeu ao mundo.

Ainda que seja algo trivial, se deixarmos a verdade e cedermos ao mundo, eventualmente cairemos e Satanás nos acusará. Assim como um pouquinho de fermento pode se espalhar por toda a massa do pão, se cedermos que seja um triz à obra de Satanás, eventualmente toda a nossa mente será tomada por suas obras.

Podemos ver frequentemente pessoas que já foram usadas na obra de Deus e se perderam, foram abandonadas ou ficaram depravadas, quando foram manchadas pela carne. Havia pessoas assim entre os membros da Igreja de Pérgamo. Enquanto assistiam ao martírio de Antipas, ainda havia pessoas que levavam uma vida cristã como bem queriam e caíram em um caminho de morte.

O Senhor repreende severamente não apenas a tais pessoas da Igreja de Pérgamo, mas também àqueles que seguem as obras de Balaão hoje; e Ele fala para se arrependerem.

## Advertência Contra a Mente Dividida

Em segundo lugar, devemos entender o fato de que não devemos ter uma mente dividida. Alguns dizem amar a Deus, mas levam uma vida cristã da forma que bem entendem. Outros, conhecendo a vontade de Deus, a abandonam por causa de seu desejo por dinheiro, fama e autoridade mundana. Não devemos ser como eles.

Em gratidão, depois de receberem a graça de Deus, algumas pessoas professam: "devotarei a minha vida a Deus. Darei a minha vida a Ele e viverei para Deus", mas depois de algum tempo, quando encontram alguma dificuldade em sua vida, mudam de ideia e dizem; "Por que preciso viver isso? Por que não viver uma vida cristã fácil como os outros?"

Foi exatamente assim com Balaão, que conhecia a vontade de Deus, mas quando se encontrou diante da tentação do dinheiro e honra, seu coração foi seduzido. As verdadeiras pessoas de Deus, contudo, nunca mudam seus corações, independente do passar do tempo e das circunstâncias.

Pessoas assim também podem ser encontradas na Bíblia. Entre elas, havia uma mulher gentia que amava muito a Deus, já que em sua bondade não mudava seu coração. Ela era Rute, no Velho Testamento.

Rute era moabita. Ela casou-se com um israelita que havia fugido da fome e seu marido morreu sem deixar-lhe filhos. Ela tinha uma cunhada, Orfa, que também se encontrava na mesma situação.

Sua sogra, Naomi, tentou voltar para sua cidade natal, na terra de Judá, e aconselhou às suas duas noras que voltassem para a casa de suas mães. Foi uma oferta generosa de Naomi, pois caso contrário, elas teriam de sair de sua cidade, Moabe, e ir para a terra desconhecida de Judá, sem marido ou filhos.

Inicialmente, ambas disseram que seguiriam sua sogra até o fim, mas quando Naomi perguntou novamente, a cunhada de Rute, Orfa, beijou Naomi e a deixou. Rute, todavia, fez diferente.

*"Rute, porém, respondeu: Não insistas comigo que te deixe e que não mais te acompanhe. Aonde fores irei, onde ficares ficarei! O teu povo será o meu povo e o teu Deus será o meu Deus! Onde morreres morrerei, e ali serei sepultada. Que o SENHOR me castigue com todo o rigor, se outra coisa que não a morte me separar de ti!"*

(Rute 1:16-17).

Vemos claramente que o coração de Rute não muda, independente da situação ou circunstância. Nem depois de chegar a Judá seu coração mudou, e ela serviu sua sogra com todo ele.

Como resultado, ela recebeu a bênção de Deus e teve uma família feliz com um homem chamado Boaz. Além do mais, sendo mulher gentia, seu nome ainda foi registrado na genealogia de Jesus.

Se Balaão tivesse tido um coração cheio de verdade, que nunca muda, ele não teria desobedecido à vontade de Deus, quando diante de uma tentação ou teste. Contudo, com seu coração mutável, sua ganância por dinheiro e honra, foi estimulado e tomou o cominho errado, fazendo com que muitas pessoas morressem.

Devemos lembrar que essa lição de Balaão tem de ser algo que todo cristão dos dias de hoje, os últimos dias cheios de pecado e maldade, deve saber. Diante dessa lição, não devemos levar vidas cristãs, como bem entendemos, mas vivê-la sem mente dividida, independente das circunstâncias.

## Os Seguidores dos Ensinos dos Nicolaítas

Na Igreja de Pérgamo, havia não só aqueles que seguiam os

ensinos de Balaão, mas também quem seguia os ensinos dos nicolaítas. Como explicado na Igreja de Éfeso, os nicolaítas foram formados por Nicola, que foi um dos sete diáconos da igreja primitiva.

Como já vimos, quando as pessoas seguem os ensinos de Balaão e vivem uma vida cristã, cedendo ao mundo como bem entendem, elas se envolvem com Balaão cada vez mais. Com esse envolvimento, elas eventualmente passarão a seguir também os ensinos dos nicolaítas.

Os nicolaítas afirmavam que o espírito é puro, não importa o quanto o corpo peca, portanto, o espírito pode ir para o céu. Podemos ver na Bíblia como isso está errado (1 Coríntios 6:9-10; 1 Tessalonicenses 5:23).

1 João 1:7 diz: *"Se, porém, andarmos na luz, como ele está na luz, temos comunhão uns com os outros, e o sangue de Jesus, seu Filho, nos purifica de todo pecado."* Só quando nos livramos do pecado e andamos na luz é que podemos ser purificados de todo pecado, pelo sangue de Jesus Cristo.

Como podemos dizer que somos salvos, mesmo vivendo em pecado? Quando vivemos uma vida cristã do nosso jeito, chega-se a um ponto em que acabaremos caindo no falso ensino que podemos ser salvos, mesmo se cometermos pecados. Alguns crentes amam muito o mundo e acham que viver pela palavra de Deus é difícil demais. Assim, eles gostam e eventualmente se aderem ao ensino em que podem pecar e ainda assim ser salvos.

Hoje em dia é muito comum ter uma vida cristã que encaixe em nosso estilo de vida, por isso devemos tomar um cuidado extra para não seguir tal ensino dos nicolaítas. Se orarmos sem fervor, oferecermos sacrifícios que consideramos aceitáveis, interpretarmos a palavra e obedecermos-lhe da forma que acharmos apropriada e dissermos: "Isso é suficiente, não preciso fazer aquela outra coisa", estamos seguindo os ensinos dos nicolaítas.

## O Extremo das Obras de Balaão Pode Nos Levar aos Ensinos dos Nicolaítas

Os ensinos de Balaão e dos nicolaítas são para vidas cristãs levadas da forma como se bem entende, mas há algumas diferenças entre ambos também. O ensino de Balaão é servir a Deus com dois corações.

É amar o dinheiro e as coisas materiais. É ceder para a autoridade e honra do mundo, enquanto se professa amor e serviço a Deus. É mudar o coração que estava em Deus no princípio e passar a ansiar pelas coisas mundanas. No fim essas pessoas caem em um caminho de morte.

As atitudes dos nicolaítas, todavia, são diferentes dessas. Enquanto cometem pecados, eles ensinam aos outros que pecar não tem nada a ver com a salvação, tentando os outros, para que todos vão juntos para um caminho de morte.

Os ensinos dos nicolaítas questionam a crucificação de Jesus em nosso lugar.

Jesus foi pregado nos pés e mãos, a fim de nos redimir dos nossos pecados cometidos por obras. Os nicolaítas, entretanto, dizem que nós seremos salvos, mesmo se continuarmos pecando. Isso é negar o Senhor, que nos comprou com o preço do Seu sangue.

Assim como Gálatas 5:13 diz: *"Irmãos, vocês foram chamados para a liberdade. Mas não usem a liberdade para dar ocasião à vontade da carne; ao contrário, sirvam uns aos outros mediante o amor,"* somos libertados do pecado e adquirimos liberdade por causa de Jesus Cristo, mas não podemos usar essa liberdade para dar oportunidades à carne.

Obviamente, o pecar em si não é obra dos nicolaítas. Quando um recém-convertido tem uma fé fraca, ele não tem forças suficientes para guardar a palavra e, às vezes, comete pecados, se arrepende e muda de atitude. Ao passar por essas coisas, gradativamente, ele se livra dos pecados.

Devemos, porém, lembrar que se continuarmos seguindo as obras de Balaão e ceder ao mundo, também podemos ser capturados por Satanás e ser afetados pelos ensinos dos nicolaítas, crendo que podemos ser salvos mesmo cometendo pecados.

# Deus Quer que Arrependamos e Mudemos de Atitude

O Senhor fala para aqueles que seguem os ensinos de Balaão e dos nicolaítas, *"Portanto, arrependa-se! Se não, virei em breve até você e lutarei contra eles com a espada da minha boca"* (Apocalipse 2:16).

O Senhor menciona 'a espada da minha boca' e isso é a palavra de Deus. Portanto, 'lutarei contra eles com a espada da minha boca' significa que o Senhor lhes mostrará o que é certo e o que é errado, segundo a palavra de Deus, para que eles possam mudar de atitude. É o amor de Deus que quer que nos arrependamos e mudemos de atitude.

Quando alguém está indo pelo caminho errado, outra pessoa pode aconselhá-lo ou reprová-lo com a palavra de Deus. Se a pessoa entender e mudar de atitude, é uma bênção. Entretanto, há aqueles que não conseguem ouvir, apesar de terem ouvidos. Esses são aqueles cujos ouvidos espirituais estão tampados.

Assim como Provérbios 22:17 diz: *"Preste atenção e ouça os ditados dos sábios, e aplique o coração ao meu ensino."* Se verdadeiramente somos filhos de Deus, devemos conseguir inclinar nossos ouvidos para a palavra de Deus, que é a verdade. Ainda que ela pareça uma vara para nós, devemos prestar atenção nela, achar nosso verdadeiro eu, e mudar. Então a palavra será um bom remédio e nos fará um grande benefício ao tirar o pecado de nós.

Mas aqueles que são arrogantes e cheios de maldade no coração não ouvirão a palavra de Deus, que é reprovação e repreensão. Seus ouvidos desejarão ouvir coisas más. Provérbios 17:4 diz: *"O ímpio dá atenção aos lábios maus; o mentiroso dá ouvidos à língua destruidora."*

Devemos entender que o fim de todas as coisas está próximo; ser de bom julgamento e sérios no propósito da oração, prestando atenção na verdade, e só nela. Não nos podemos deixar ser afetados por pensamentos heréticos; e se tivermos sido, devemos ouvir a voz de Deus nos chamando ao arrependimento e à rápida mudança de atitude.

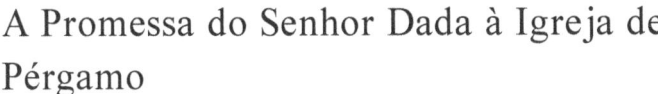

# A Promessa do Senhor Dada à Igreja de Pérgamo

"Aquele que tem ouvidos ouça o que o Espírito diz às igrejas. Ao vencedor darei do maná escondido. Também lhe darei uma pedra branca com um novo nome nela inscrito, conhecido apenas por aquele que o recebe" (Apocalipse 2:17).

Precisamos ouvir a voz do Espírito Santo e mantê-la em mente. Se estivermos seguindo qualquer aspecto das obras de Balaão ou ensinos dos nicolaítas, precisamos nos arrepender e mudar de atitude. Podemos vencer as tentações, quando mantemos a fé no Senhor até o fim. A essas pessoas o Senhor prometeu que daria um maná escondido e uma pedra branca.

## A Promessa de Vida Eterna Dada Aos que Se Arrependerem

O maná escondido se refere ao nosso Senhor, Jesus Cristo. Maná era o alimento dado aos israelitas, enquanto estavam no deserto depois do Êxodo. Êxodo 16:31 explica que, *'era branco como semente de coentro e tinha gosto de bolo de mel.'* Era apenas para manter sua vida física.

Mas João 6:49-51 diz: *"Os seus antepassados comeram o maná no deserto, mas morreram. Todavia, aqui está o pão que desce do céu, para que não morra quem dele comer. Eu sou o pão vivo que desceu do céu. Se alguém comer deste pão, viverá para sempre. Este pão é a minha carne, que eu darei pela vida do mundo."*

Espiritualmente, o maná é uma referência à carne do Senhor, que é a palavra de Deus. Aqueles que comerem dele terão a vida eterna.

Dar-nos o maná escondido significa que podemos ser salvos através de Jesus Cristo. Até aqueles que viveram uma vida cristã como bem entenderam e seguiram os ensinos heréticos, se se arrependerem e mudarem de atitude, poderão receber a vida eterna.

Então, por que o Senhor diz que esse maná está escondido?

1 Coríntios 2:7-8 diz: *"Ao contrário, falamos da sabedoria de Deus, do mistério que estava oculto, o qual Deus preordenou, antes do princípio das eras, para a nossa glória. Nenhum dos poderosos desta era o entendeu, pois, se o tivessem entendido, não teriam crucificado o Senhor da glória."*

O fato de Jesus ter vindo ao mundo em carne e morrido na cruz para redimir os seres humanos de seus pecados, foi providência de Deus, planejada antes do início das eras; mas o segredo não podia ser revelado a ninguém até que o tempo certo chegasse, (caso contrário, a providência seria cancelada). É por isso que Jesus Cristo é chamado de 'manpa'; o maná escondido.

## O Significado da Pedra Branca

O Senhor diz que dará uma pedra branca. O que é essa pedra branca? Como 1 Coríntios 10:4 diz: *"e beberam da mesma bebida espiritual; pois bebiam da rocha espiritual que os acompanhava, e essa rocha era Cristo."* A 'rocha' se refere ao nosso Senhor Jesus Cristo.

A cor 'branca', por sua vez, significa 'sem pecado ou maldade.' Assim, a pedra branca aqui indica Jesus Cristo, sem mancha ou culpa, que não possui nenhum pecado que pertence às trevas.

'Dar a pedra branca' quer dizer que a nossa fé cresce, ficamos firmes sobre a rocha da fé, ao comermos do maná, o alimento espiritual, e agimos segundo a palavra.

Agora o nosso Senhor diz que há um novo nome escrito na pedra branca. Como Atos 4:11-12 diz: *"Este Jesus é a pedra que vocês, construtores, rejeitaram, e que se tornou a pedra angular. Não há salvação em nenhum outro, pois, debaixo do céu não há nenhum outro nome dado aos homens pelo qual devamos ser salvos."* Esse nome é Jesus Cristo.

Só aqueles que dão ouvidos à palavra da verdade, a colocam em prática e se firmam nela pela fé é que podem reconhecer esse nome do nosso Senhor, Jesus Cristo.

Mas, as pessoas do mundo também não conhecem Jesus Cristo? Não, elas não O conhecem! Só sabem do significado carnal. Jesus para elas é apenas um dos quatro santos. Elas não sabem que Jesus Cristo é o nosso único Salvador. Assim, não podem dizer que "conhecem" Jesus Cristo.

Entretanto, o que me parte o coração é o seguinte: mesmo entre crentes existem pessoas que não conhecem o nome do Senhor. Apesar de irem à igreja e confessarem que creem no Senhor, não quer dizer que elas O conhecem. Só quando guardam a palavra da verdade é que podemos dizer que elas conhecem verdadeiramente o nome do Senhor.

A fim de receber o maná escondido e a pedra branca, precisamos estar entre as pessoas que vencem, perseveram.

Perseverar é viver na verdade, resistindo aos pecados das trevas e marchando em uma fé constante.

Somente aqueles que perseveram na fé é que podem receber o maná e a pedra branca, na qual está escrito o nome do Senhor, para que possam saber quem é Jesus Cristo, crer, ganhar esperança pelo céu e viver com alegria e gratidão.

O mero conhecimento sem ações não pode fazer ninguém crescer na fé. Pessoas assim não conseguem crer verdadeiramente em Jesus Cristo e não colocam Seu nome em seus corações.

Algumas pessoas não vivem pela palavra de Deus e dão desculpas citando o versículo bíblico: "o espírito está pronto, mas a carne é fraca." Elas tentam se justificar com isso, mas não passa de uma desculpa. Se elas realmente quiserem viver na palavra, o farão através de obras.

Só querem em sua mente, mas não querem fazê-lo do fundo de seus corações. Se algo é decidido do fundo do coração, a atitude certamente acompanha a decisão.

Quando uma pessoa recebe o maná do Senhor e o nome de Jesus Cristo, que era um segredo escondido desde antes das eras, ela conhece e crê no nome Dele de todo o coração. Portanto, suas obras acompanham sua crença.

Para tais pessoas, o Senhor diz: "Eu o conheço" e dá a palavra da promessa assim como João 10:28 diz: *"Eu lhes dou a vida eterna, e elas jamais perecerão; ninguém as poderá arrancar da minha mão. "*

## Só Aqueles, Cujas Atitudes São de Acordo com a Verdade, Têm a Vida Eterna

Muitas pessoas dizem que conhecem e creem em Deus, mas não são todas que podem ser salvas.

João 3:36 diz: *"Quem crê no Filho tem a vida eterna; já quem rejeita o Filho não verá a vida, mas a ira de Deus permanece sobre ele. "* Vemos, pois, que só quando cremos, obedecemos aos ensinamentos do Senhor e vencemos o pecado e a maldade é que recebemos a promessa da salvação através de Jesus Cristo. Esses, sim, conhecem o nome de Jesus Cristo.

Não basta apenas conhecermos o Senhor. O Senhor também tem de nos conhecer.

João 10:25-27 mostra claramente a quem o Senhor diz: *"Eu o conheço. "* Ele diz: *"Eu já lhes disse, mas vocês não creem. As obras que eu realizo em nome de meu Pai falam por mim, mas vocês não creem, porque não são minhas ovelhas. As minhas ovelhas ouvem a minha voz; eu as conheço, e elas me seguem. "*

1 João 1:6-7 também diz: *"Se afirmarmos que temos comunhão com ele, mas andamos nas trevas, mentimos e não*

*praticamos a verdade. Se, porém, andarmos na luz, como ele está na luz, temos comunhão uns com os outros, e o sangue de Jesus, seu Filho, nos purifica de todo pecado."*

Só aquele que anda na luz e pratica a verdade tem amizade com Deus. Essa pessoa é quem verdadeiramente conhece a Deus e ao Senhor, e pode ser perdoada de todos os seus pecados pelo sangue de Jesus Cristo.

Jesus só falou verdade e bondade, e operou muitos milagres e maravilhas em nome do Pai, Deus. Entretanto, nos Seus dias, houve pessoas que não creram. A elas Ele disse: *"Vocês não crêem, porque não são minhas ovelhas."*

Se elas fossem verdadeiras ovelhas do Senhor, creriam Nele pela Sua palavra e obras. Se cressem Nele, ouviriam a Sua voz e O seguiriam. Ovelhas assim é que são ovelhas do Senhor a quem Ele diz: "Vocês são minhas ovelhas. Eu os conheço."

Logo, devemos obedecer à palavra de Deus, praticar a verdade e ter a promessa da vida eterna dada pelo Senhor, para que colhamos frutos abundantes em todos os aspectos de nossas vidas.

# Capítulo 4

# Igreja de Tiatira

## - Comprometendo-se com o Mundo e Comendo Alimentos Sacrificados a Ídolos

A Igreja de Tiatira estava fazendo mais naquele momento do que no princípio e foi louvada pelo Senhor por isso. Entretanto, seus membros foram repreendidos por Ele por comer comida consagrada a ídolos, tolerar a falsa profetisa Jezebel e ceder ao mundo.

Essa é a mensagem dada às igrejas e crentes que cedem ao mundo, e para quem leva a vida cristã como lhe convém.

"Ao anjo da igreja em Tiatira escreva: Estas são as palavras do Filho de Deus, cujos olhos são como chama de fogo e os pés como bronze reluzente. Conheço as suas obras, o seu amor, a sua fé, o seu serviço e a sua perseverança, e sei que você está fazendo mais agora do que no princípio.

No entanto, contra você tenho isto: você tolera Jezabel, aquela mulher que se diz profetisa. Com os seus ensinos, ela induz os meus servos à imoralidade sexual e a comerem alimentos sacrificados aos ídolos. Dei-lhe tempo para que se arrependesse da sua imoralidade sexual, mas ela não quer se arrepender. Por isso, vou fazê-la adoecer e trarei grande sofrimento aos que cometem adultério com ela, a não ser que se arrependam das obras que ela pratica. Matarei os filhos dessa mulher.

Então, todas as igrejas saberão que eu sou aquele que sonda mentes e corações, e retribuirei a cada um de vocês de acordo com as suas obras.

Aos demais que estão em Tiatira, a vocês que não seguem a doutrina dela e não aprenderam, como eles dizem, os profundos segredos de Satanás, digo: Não porei outra carga sobre vocês; tão-somente apeguem-se com firmeza ao que vocês têm, até que eu venha. Àquele que vencer e fizer a minha vontade até o fim darei autoridade sobre as nações. Ele as governará com cetro de ferro e as despedaçará como a um vaso de barro. Eu lhe darei a mesma autoridade que recebi de meu Pai. Também lhe darei a estrela da manhã. Aquele que tem ouvidos ouça o que o Espírito diz às igrejas."

# A Carta do Senhor à Igreja de Tiatira

"Ao anjo da igreja em Tiatira escreva: "Estas são as
palavras do Filho de Deus, cujos olhos são como chama
de fogo e os pés como bronze reluzente" (Apocalipse,
2:18).

Tiatira, naquele tempo, estava desfrutando de prosperidade
em seu comércio e fabricação de coisas. Pessoas com o mesmo
trabalho organizavam-se em grupos semelhantes às associações
de hoje. Havia as associações dos tingidores, dos tecelões,
dos padeiros, dos que lidavam com artigos de porcelana, dos
ferreiros, e assim por diante. As associações estavam diretamente
conectadas com a vida dos cidadãos de Tiatira. Se eles não se
afiliassem a uma, poderiam ter problemas em seu dia-a-dia.

O problema era que cada associação adorava seu próprio guardião. A atividade funcional das associações em si era de caráter religioso. Nas reuniões, as pessoas seguiam todo um ritual para agradarem ao seu guardião. Depois das cerimônias, comiam comida sacrificada a ídolos e os associados eram obrigados a participar em atividades obscenas e cheias de lascívia. Mesmo que discordassem dessas coisas, os membros tinham de participar de tudo.

Podemos facilmente imaginar como devia ser difícil para os crentes daquela época guardarem a fé. Os membros da Igreja de Tiatira também precisavam se afiliar às associações para sua sobrevivência, mas alguns deles participavam dos rituais e costumes imorais, a fim de não passarem dificuldades financeiras.

## Os Olhos do Senhor São como Chama de Fogo e os Seus Pés Como Bronze Reluzente

No versículo 18, vemos a descrição do Senhor, que está escrevendo ao anjo da Igreja de Tiatira. Ele diz: *"Estas são as palavras do Filho de Deus, cujos olhos são como chama de fogo e os pés como bronze reluzente."* Isso quer dizer que os Seus olhos brilham como chamas na escuridão e trazem a sensação de calor.

Ao mesmo tempo, Seus olhos são como chamas de fogo que queimam todo pecado e maldade e discernem a verdade da inverdade. O Senhor usa Seus olhos como chama de fogo para vasculhar cada coração, pensamento e mente. É por isso que Ele diz que Seus olhos são como chamas de fogo.

O que significa dizer que 'Seus pés são como bronze reluzente'? Apocalipse, 1:15, também diz: *"Seus pés são como bronze reluzente."* Quando refinamos o ouro, a prata ou o bronze em temperaturas extremas de uma fornalha, as impurezas deles são removidas.

Quanto mais puro, mais caro; e o brilho e beleza desses metais são bem maiores, quando já foram refinados. Os pés do Senhor são puros e brilhantes como o bronze refinado e reluzente. Podemos dizer que o pé é uma das partes mais sujas do corpo humano, mas os do Senhor são puros, pois Ele é perfeito e santo.

Inclusive, a razão pela qual a Bíblia diz que os olhos do Senhor são como chamas de fogo e Seus pés como bronze reluzente é devido ao desejo de Deus em fazer-nos entender mais uma vez como o Senhor é glorioso e majestoso.

Com isso, enfatiza-se que o Senhor é o Filho de Deus que julga todas as coisas. Ele é extremamente santo e majestoso e é um com Deus Criador Todo Poderoso. Repito, Ele julgará todas as coisas. Não pode ser comparado a nenhuma criatura como o homem ou algum ídolo criado pelo homem. Ele merece toda a glória.

João, 20:31, diz: *"Mas estes foram escritos para que vocês creiam que Jesus é o Cristo, o Filho de Deus e, crendo, tenham vida em seu nome."* 1 João, 4:15, diz: *"Se alguém confessa publicamente que Jesus é o Filho de Deus, Deus permanece nele, e ele em Deus."*

O único a quem devemos adorar e servir é o Senhor Jesus, que é um com Deus. Não pode haver nenhum outro objeto ou criatura a quem adoremos.

## Casos como o da Igreja de Tiatira

Hoje, algumas igrejas aceitam crenças locais de diferentes áreas sob o pretexto de tolerância a religiões indígenas.

Uma igreja permite que coreanos adorem seus ancestrais. Eles dizem que creem no Único Deus e em Jesus Cristo como seu Salvador, e fazem uma coisa dessa. É claro, entretanto, que homenagear aquilo que os ancestrais fizeram e ser grato pelo que realizaram não está errado; mas quando ritos de sacrifícios são tolerados por razões de obrigação moral, acaba-se ficando contra a verdade, que é a palavra de Deus.

1 Coríntios, 10:20, diz: *"Não! Quero dizer que o que os pagãos sacrificam é oferecido aos demônios e não a Deus, e não quero que vocês tenham comunhão com os demônios."*

De pouco tempo para cá, algumas igrejas protestantes vêm dizendo coisas semelhantes e se unindo a outras religiões que adoram a ídolos, abençoando-as. Elas dizem que estão agindo assim, porque têm um coração generoso e buscam a união da humanidade.

Deus, todavia, nunca se alegrou, quando igrejas deram as mãos a outras religiões que adoram a ídolos. Dar os parabéns em dias de celebração a deuses gentios ou trazer idólatras ao santuário de Deus é blasfêmia. Ainda que sua intenção não seja blasfemar a Deus, essas pessoas estão indo contra a Sua vontade e até mesmo se levantando contra Ele, sem conhecer a verdade de fato.

## Atitudes Provenientes da Falta de Conhecimento da Verdade

Servir e adorar a Virgem Maria, que concebeu Jesus pelo Espírito Santo, é um exemplo de situação em que não se compreende bem a verdade. Obviamente, as pessoas que adoram a Virgem Maria não dizem que a têm como ídolo. Insistem que estão apenas mostrando o imenso respeito que têm por ela, por ter dado à luz o Salvador, Jesus Cristo.

No entanto, o fato é que essas pessoas acabam levando outras, que não conseguem discernir a verdade claramente por não conhecê-la, a se curvarem e orarem diante de uma mera imagem de um ser criado, uma mera criatura.

Em João, 19:26-27, vemos: *"Quando Jesus viu sua mãe ali, e, perto dela, o discípulo a quem ele amava, disse à sua mãe: "Aí está o seu filho"*, e ao discípulo: *"Aí está a sua mãe." Daquela hora em diante, o discípulo a recebeu em sua família."*

Quando Jesus disse à Virgem Maria, "seu filho", Ele indicava seu discípulo, João, que estava próximo e o chamou de 'seu filho'. Jesus não Se chamou de 'Filho'; e, ainda por cima, chamava Maria de 'Mulher', e não de 'Mãe'.

Não há registro nenhum na Bíblia de que Jesus tenha chamado a Virgem Maria de 'mãe'. Em João, capítulo 2, quando Jesus transformou a água em vinho, Ele disse-lhe: *"Que temos nós em comum, mulher? A minha hora ainda não chegou."* Ele chamava a Virgem Maria de 'Mulher'.

Em Êxodo, 3:14, Deus diz: *"Eu Sou o que Sou."* Ninguém deu à luz a Deus. Ninguém criou Deus. Portanto, Jesus, que é originalmente um com Deus Pai, não pode chamar a Virgem Maria, uma mera criatura, de 'mãe'.

Jesus não foi concebido pelo espermatozóide de José ou o óvulo de Maria, mas puramente pelo poder Deus Espírito Santo. O Soberano Deus pode fazer qualquer concepção possível, ainda que não haja espermatozóide e óvulo. Jesus apenas pegou emprestado o corpo de Maria.

Além do mais, em Êxodo, 20:3-5, lemos: *"Não terás outros deuses além de mim. Não farás para ti nenhum ídolo, nenhuma imagem de qualquer coisa no céu, na terra, ou nas águas debaixo da terra. Não te prostrarás diante deles nem lhes prestarás culto, porque eu, o SENHOR, o teu Deus, sou Deus zeloso, que castiga os filhos pelos pecados de seus pais até a terceira e quarta geração daqueles que me desprezam."*

Podem achar que não estão adorando a ídolos por causa das estruturas feitas por pensamentos humanos, mas, na verdade, algumas pessoas estão adorando a ídolos e indo contra a vontade de Deus.

Se continuarem vivendo contra a verdade, conhecendo a vontade de Deus, não poderão receber a Sua graça nem a ajuda do Espírito Santo. Logo, cairão sob as acusações de Satanás.

## Outros Tipos de Atitude Contra a Verdade

Além do mais, existem vários exemplos de coisas contra a verdade em diferentes áreas das nossas vidas. Por exemplo, algumas igrejas permitem fumar e beber. Será que isso é realmente aceitável? Fumar e beber em si não é o problema. O problema é que fazer essas coisas leva a outras coisas que são pecaminosas.

1 Coríntios, 3:17, diz: *"Se alguém destruir o santuário de Deus, Deus o destruirá; pois o santuário de Deus, que são*

*vocês, é sagrado."* Como vemos, nossos corpos são santos templos de Deus, e não devemos destruí-los com a bebida ou cigarro.

Há, ainda, pessoas que não confessam seus pecados diante de Deus, mas diante de outros que agem como mediadores. O próprio Jesus Cristo se tornou nosso Mediador e nos redimiu de todos os pecados, para que nos tornássemos filhos de Deus. Assim, ver esse tipo de atitude e pessoas deve mexer com o Senhor!

Quando Jesus morreu na cruz, o véu do templo se rasgou de alto a baixo, para abrir a nossa comunicação diretamente com Deus. No Velho Testamento, o sumo-sacerdote oferecia sacrifícios pelo perdão dos pecados do povo. No entanto, uma vez que Jesus Cristo veio como sacrifício que nos redime, o caminho para a nossa comunicação direta com Deus foi aberto.

Qualquer que crê em Jesus Cristo pode entrar no santuário de Deus para adorá-Lo. Quando oramos, podemos orar a Ele diretamente, sem nenhum sacerdote ou profeta.

Além do mais, ainda que alguém diga: "Seus pecados estão perdoados", nossos pecados não são perdoados por simples palavras apenas. Só Deus pode perdoar pecados.

Alguém pode perguntar: "Então, o que essa fala do Senhor aos Seus discípulos, depois de Sua ressurreição, significa?" *"Se perdoarem os pecados de alguém, estarão perdoados; se não os perdoarem, não estarão perdoados"* (João, 20:23). Mas há uma questão nessas palavras que não pode se aplicar a todo mundo.

A pessoa tem de ser alguém que se tenha tornado um com Deus, o Senhor; e é amada e garantida por Ele. Como dito em Tiago, 5:16: *"Portanto, confessem os seus pecados uns aos outros e orem uns pelos outros para serem curados. A oração de um justo é poderosa e eficaz."* A oração da pessoa, que é amada e atestada por Deus, pode trazer Sua misericórdia e compaixão.

Isso, entretanto, não quer dizer que a pessoa pode ter seus pecados incondicionalmente remidos. A chave para receber o perdão de pecados está com ela mesma.

Como 1 João, 1:7, diz: *"Se, porém, andarmos na luz, como ele está na luz, temos comunhão uns com os outros, e o sangue de Jesus, seu Filho, nos purifica de todo pecado";* podemos ser perdoados através do precioso sangue de Jesus Cristo, só quando nos arrependemos completamente do pecado, mudamos de atitude e andamos na luz.

Se continuarmos andando nas trevas sem nos arrependermos e mudarmos de atitude, não importa o quanto um amado e garantido por Deus ore por nós, que Ele não irá nos perdoar.

Orar a Deus por um mediador, para receber perdão de pecados, é demonstrar falta de entendimento da Bíblia e estar bem distante da vontade de Deus.

~

# O Elogio do Senhor à Igreja de Tiatira

"Conheço as suas obras, o seu amor, a sua fé, o seu
serviço e a sua perseverança, e sei que você está fazendo
mais agora do que no princípio" (Apocalipse 2:19).

Jesus diz à Igreja de Tiatira: "Conheço as suas obras, o seu
amor, a sua fé, o seu serviço e a sua perseverança, e sei que você
está fazendo mais agora do que no princípio." Alguém pode
achar que isso é realmente um elogio do Senhor, mas, na verdade,
não é. Quer dizer apenas que eles estavam fazendo mais do que
antes.

Diferente da Igreja de Éfeso, que perdeu seu primeiro amor e
foi repreendida pelo Senhor, a Igreja de Tiatira tinha mais obras
naquele momento do que no passado.

## O Amor, Fé, Serviço e Perseverança da Igreja de Tiatira

Primeiro, eles foram louvados por seu trabalho. Aqui, seu trabalho não estava relacionado a algum tipo de indústria ou negócio, mas às obras do trabalho do Senhor. Eram as obras para o reino de Deus e tudo feito no Senhor, inclusive a salvação de almas.

Evangelizar, visitar obras missionárias e obras de caridade, ser fiel a Deus nos deveres que recebemos e servir aos outros exemplificam tais serviços.

O propósito da igreja é somente a salvação da alma e o trabalho para o reino de Deus. Algumas pessoas têm um ou outro negócio, dizendo que são para o reino, enquanto o real propósito de seus corações é seu próprio benefício.

Nesse caso, Deus não agrada e problemas aparecem. Portanto, não deve haver nada relacionado a negócios mundanos dentro da igreja. Além disso, Deus também não agrada, quando conversamos sobre coisas assim dentro do santuário.

Depois, havia amor na Igreja de Tiatira. Tem de haver amor no Senhor, e esse amor deve ser o amor imutável que o Senhor demonstrou por nós, o amor espiritual e verdadeiro, e só aqueles que o possuem é que pertencem a Deus.

É da vontade de Deus que nos amemos uns aos outros (1 João, 4:7-8), e é o Seu novo mandamento que nos foi dado.

Temos de amar a Deus primeiro e amar o nosso próximo como a nós mesmos.

A Igreja de Tiatira também tinha fé. A fé está diretamente ligada à verdade. O homem não consegue acreditar nos outros, quando o seu próprio coração é falso. Só quando a pessoa é verdadeira em seu coração é que ela pode ver e conhecer a verdade nos outros, conseguindo confiar e acreditar neles.

O mesmo se aplica à fé. Quanto mais verdade temos no coração, mais podemos crer na palavra de Deus, que é verdade. Hebreus, 10:22, diz: *"Sendo assim, aproximemo-nos de Deus com um coração sincero e com plena convicção de fé."* Quando temos corações sinceros, podemos ter a verdadeira fé.

E também havia serviço na Igreja de Tiatira. Embora o Senhor existisse em forma de Deus, Ele não considerou que o ser igual a Deus era algo que devia apegar-se (Filipenses, 2:6).

Como escrito em Marcos, 10:45: *"Pois nem mesmo o Filho do homem veio para ser servido, mas para servir e dar a sua vida em resgate por muitos"*, Jesus veio para nos servir e não para ser servido.

Portanto, como filhos de Deus, devemos tomar o exemplo de Jesus e servir uns aos outros. No entanto, o serviço que Deus quer de nós é aquele que vem do fundo dos nossos corações.

Precisamos considerar os outros melhores do que nós, para servi-los. Assim, podemos servir não apenas na aparência, mas de todo o coração e também sermos respeitados e servidos pelos outros da mesma maneira.

Por último, havia perseverança na Igreja de Tiatira. Mateus, 7:13-14, diz: *"Entrem pela porta estreita, pois larga é a porta e amplo o caminho que leva à perdição, e são muitos os que entram por ela. Como é estreita a porta, e apertado o caminho que leva à vida! São poucos os que a encontram."*

Uma vez que o caminho que nos leva ao céu é estreito, a fim de andarmos nele, precisamos de perseverança. Temos de lutar contra o pecado a ponto de derramar sangue, orar, jejuar e ser fiel ao reino de Deus. Às vezes sofremos pelo nome do Senhor.

Quando a nossa fé está fraca, podemos pensar que está difícil e queremos descansar. Entretanto, Romanos, 8:18, diz: *"Considero que os nossos sofrimentos atuais não podem ser comparados com a glória que em nós será revelada."* Uma vez que sabemos como os frutos serão abundantes, depois que suportarmos essas coisas, podemos nos levantar e continuar andando no caminho estreito.

Na verdade, a partir do momento em que ficamos sobre a rocha da fé, não mais nos sentiremos obrigados a andar nesse caminho estreito com perseverança. Romanos, 5:3-4, diz: *"Não só isso, mas também nos gloriamos nas tribulações, porque sabemos que a tribulação produz perseverança; a perseverança, um caráter aprovado; e o caráter aprovado, esperança."* Como vemos, ficamos cheios de alegria e gratidão em qualquer situação. Podemos andar no caminho para o céu com corações cheios de paz.

## Deus Deseja um Coração Cheio de Verdade e uma Fé Verdadeira

Como explicado anteriormente, o elogio do Senhor à Igreja de Tiatira não foi de fato um elogio. Isso não se deu porque suas obras, amor e fé eram adequados aos olhos de Deus, mas porque estavam maiores do que inicialmente.

Suas obras daquele momento estavam maiores que as do princípio, e essas 'obras' eram as aparentes. Na verdade, aquele 'elogio' era mais um conselho do Senhor, para fazê-los perceber se suas obras eram realmente verdadeiras, vindas do coração.

Por fora, suas boas obras estavam crescendo, mas qual era o real propósito daquilo? Não que as obras em si estavam erradas, mas é que eles tinham de se examinar, a fim de perceber se seu propósito era mostrar os aspectos de sua bondade às outras pessoas.

O importante não é o que é demonstrado por fora, mas que o que está dentro do coração seja uma fé verdadeira. Podemos fazer grandes coisas para o Senhor e ter obras de amor, fé, serviço e perseverança; mas se elas não tiverem saindo do fundo dos nossos corações, não podem ser verdadeiras.

Por exemplo, podemos ajudar os necessitados, mas, se assim o fazemos para nossa própria satisfação ou com o desejo de aparecer, pensando: 'Fazemos essas muitas boas obras. Isso é amor e fé!', a ajuda então não é verdadeira aos olhos de Deus, que examina o nosso interior.

Há casos em que algumas pessoas parecem fiéis às obras de Deus e vivem uma fervorosa vida cristã, mas não são sequer reconhecidas por Ele. Elas parecem fiéis ao fazer muitos trabalhos voluntários, servir os outros e fazer outras boas obras, mas há uma grande probabilidade de que elas tenham parado de circuncidar seus corações.

Elas não trabalham pela plenitude do Espírito ou pela esperança pelo céu, mas por diligência carnal. É claro, porém, que devemos tentar fazer muitos trabalhos voluntários e ser ativos em muitas áreas da igreja, pois deve ser algo natural encontrar coisas que podemos fazer que irão agradar a Deus.

Todavia, o mais importante é buscarmos a graça e a força de Deus de todo o coração, e sermos cada vez mais espirituais. Só assim nossos trabalhos voluntários e serviços virão a ser obras a partir de uma verdadeira fé.

A fé sem obras é morta, mas as obras sem fé são insignificantes. Não importa quantas obras façamos em nome do Senhor, se não nos esforçarmos para nos livrar da maldade do nosso coração e não deixarmos que o Espírito Santo trabalhe em nossa vida. Nesse caso, elas não provêm da fé espiritual e a nossa vida cristã não é espiritual.

Poderemos parecer ser um obreiro fervoroso, mas não creremos ou obedeceremos à palavra que não está de acordo com os nossos pensamentos. Não conseguiremos entender o coração de Deus e não compreenderemos as profundas palavras espirituais que recebermos. Ficaremos no estado carnal da fé. Obras com essa fé carnal podem ser elogiadas por aqueles que as veem exteriormente, mas não por Deus que vê o coração.

Talvez hoje tenhamos uma vida cristã que não vem do coração cheio de verdade, mas é só da aparência que pode ser reconhecida pelos outros. Sendo assim, devemos nos examinar para ver o tipo de que coração temos.

Há não muito tempo, uma famosa freira, que passou a sua vida ajudando os outros, morreu. Ela recebeu o prêmio Nobel da paz. Devotou toda a sua vida pelos pobres, e podemos ter uma ideia do tipo de vida de fé que ela tinha, a partir de uma carta que ela escreveu.

A revista *TIME* reportou que ela não conseguiu sentir mais a existência de Deus, desde o momento em que começou a ajudar os necessitados até a sua morte. Ela comparou a dor de seu coração com a dor do inferno, e estava cética sobre a existência do céu e de Deus.

Foi reconhecida e louvada pelas pessoas por sua devoção aos necessitados, mas a sua fé não era o tipo de fé que é reconhecida por Deus. É por isso que ela não pôde ter uma vida em Cristo, conhecendo o Deus vivo e sendo respondida por Ele.

Nossas obras de agora devem ser maiores que as do princípio, mas, ao mesmo tempo, elas precisam vir da verdade do nosso coração e da verdadeira fé, que é reconhecida por Deus.

# Reprovação do Senhor à Igreja de Tiatira

"No entanto, contra você tenho isto: você tolera Jezabel, aquela mulher que se diz profetisa. Com os seus ensinos, ela induz os meus servos à imoralidade sexual e a comerem alimentos sacrificados aos ídolos. Dei-lhe tempo para que se arrependesse da sua imoralidade sexual, mas ela não quis se arrepender. Por isso, vou fazê-la adoecer e trarei grande sofrimento aos que cometem adultério com ela, a não ser que se arrependam das obras que ela pratica. Matarei os filhos dessa mulher. Então, todas as igrejas saberão que eu sou aquele que sonda mentes e corações, e retribuirei a cada um de vocês de acordo com as suas obras" (Apocalipse 2:20-23).

A Igreja de Tiatira tinha um fervor carnal e fidelidade, mas seus membros não eram muito diligentes quanto à circuncisão de seus corações. É por isso que cometeram o pecado de comer o que era sacrificado a ídolos e foram enganados por falsos profetas como Jezebel. O Senhor reprovou isso.

## A Igreja de Tiatira Aceitou Jezebel, que Se Dizia Profetisa

Jezebel era filha do rei dos sidônios do séc. 9 A.C. Ela havia se casado com Acabe, rei de Israel, e então trouxe ídolos para o país, manchando o rei, outros subordinados e o povo com a idolatria.

Apesar de Elias, homem de Deus, ter feito descer fogo do céu e chover pelo poder de Deus, ela não se arrependeu, mas tentou matá-lo. Ela fez várias maldades e também manipulou o rei Acabe com maldosos esquemas. Jezebel acumulou maldade sobre maldade e, eventualmente, morreu miseravelmente como profetizado por Elias.

O rei Acabe também foi amaldiçoado por Deus e teve uma morte miserável no campo de batalha.

Israel também sofreu muitas tribulações por causa de Jezebel. A razão de não ter chovido por três anos e meio foi porque Deus tinha virado o rosto contra eles, já que estavam manchados com o pecado de Jezebel (1 Reis, 17:1; Tiago, 5:17).

A Igreja de Tiatira também tolerava a fonte do pecado de Jezebel e estava ficando manchada de pecado.

2 Coríntios, 6:14-16, diz: *"Não se ponham em jugo desigual com descrentes. Pois o que têm em comum a justiça e a maldade? Ou que comunhão pode ter a luz com as trevas? Que harmonia entre Cristo e Belial? Que há de comum entre o crente e o descrente? Que acordo há entre o templo de Deus e os ídolos? Pois somos santuário do Deus vivo. Como disse Deus: Habitarei com eles e entre eles andarei; serei o seu Deus, e eles serão o meu povo"*

Deus adverte Seus filhos muitas vezes na Bíblia a não serem achados junto a homens maus. Não podemos tolerar o curso do mundo e nem ser tentados pela inverdade.

Se nos entrelaçamos com pessoas que estão contra Deus em nossas vidas, como em um casamento ou em uma sociedade, sofremos provações e tribulações. Não importa o quanto tentamos. Se estamos em jugo desigual em alguma ligação com alguém, nossa fé é danificada e podemos ser tentados pelo mundo.

Quando há dois bois sob um mesmo jugo e um deles tenta ir embora ou fica preguiçoso, não importa o tanto que o outro tente que não conseguirá ir para a direção que quer. Da mesma forma, se nos entrelaçamos com quem não devemos aos olhos de Deus, temos problemas em nosso crescimento espiritual e passamos sérias dificuldades para recebermos bênçãos.

Isso não significa que devemos evitar incondicionalmente qualquer pessoa que não crê no Senhor em casa ou no trabalho, mas com certeza não podemos cometer o erro de tolerar pessoas como Jezebel e criar um vínculo com elas.

## A Igreja de Tiatira Foi Reprovada por Comer Coisas Sacrificadas a Ídolos

O Senhor deu à igreja uma palavra de repreensão, porque eles toleraram a mulher Jezebel, que se entitulava profetisa. Cometeram atos de imoralidade e comeram coisas sacrificadas a ídolos.

Aqui, 'Comer coisas sacrificadas a ídolos' não era apenas no sentido literal, mas também uma advertência quanto às várias práticas de maldade que acompanhavam e estavam associadas com o 'comer coisas sacrificadas a ídolos'. Eles participavam até de atos imorais de idolatria, e isso era muito sério.

Em Atos, capítulo 15, vemos que os apóstolos e anciãos instruíam os gentios, que aceitavam o evangelho, a se absterem de coisas sacrificadas a ídolos, do sangue de animais estrangulados e da fornicação.

Os judeus daquela época cresciam sob severas instruções de guardar a Lei. Não era difícil para eles se absterem do que Deus proibia. Entretanto, para os gentios, não era fácil guardar toda a Lei. Assim, no encontro com os apóstolos, eles decidiram dar aos crentes gentios certa liberdade, exceto a respeito de algumas poucas coisas.

A razão pela qual eles lhes disserem para se absterem de coisas sacrificadas a ídolos foi, mais uma vez, porque eles poderiam se manchar com a idolatria e outros pecados relacionados a ela. No entanto, 1 Timóteo, 4:4, diz: *"Pois tudo o que Deus criou é bom, e nada deve ser rejeitado, se for recebido com ação de graças,"*

Sendo assim, não podemos julgar que comer alimento sacrificado a ídolos em si é um ato pecaminoso, a menos que participemos de rituais de adoração a ídolos. Embora a comida estivesse na frente dos ídolos, uma vez que é Deus quem dá e contanto que a comamos com fé, não há problema nenhum em assim fazê-lo.

Entretanto, 1 Coríntios, 8:7, diz: *"Alguns, ainda habituados com os ídolos, comem esse alimento como se fosse um sacrifício idólatra; e como a consciência deles é fraca, fica contaminada."* Em outras palavras, se alguém não é corajoso o suficiente para comer alimento sacrificado a ídolos, achando que é pecado, sua consciência irá pesar, já que está pecando de livre e espontânea vontade.

Além disso, 1 Coríntios, 8:10, diz: *"Pois, se alguém, que tem a consciência fraca, vir você que tem este conhecimento comer num templo de ídolos, não será induzido a comer do que foi sacrificado a ídolos?"* Se alguém, que é fraco na fé, vê uma pessoa, que considera firme na fé, comendo no templo de um ídolo, ele pode pensar que é aceitável comer comida sacrificada a ídolos, mas, se ele começa a fazê-lo sem muita discrição, ele pode acabar participando em pecados maiores.

Portanto, mesmo quando a nossa fé é forte o suficiente para comermos coisas sacrificadas a ídolos, se houver algum risco de fazermos um irmão mais fraco na fé cair, então não está certo comermos esse tipo de comida.

## O Significado Espiritual da Imoralidade e de Alimentos Sacrificados a Ídolos

Atos de imoralidade e comer alimentos sacrificados a ídolos não se referem apenas a atos físicos. Espiritualmente, quando filhos de Deus amam alguma coisa mais do que a Deus ou adoram ídolos que Deus odeia, isso é imoralidade espiritual.

Além disso, quando eles se igualam às pessoas que tentam fazer os crentes caírem em prazeres mundanos, buscarem a inverdade e participarem de seus atos, eles estão comendo coisas sacrificadas a ídolos. Quando a Igreja de Tiatira tolerou Jezebel, eles eventualmente toleraram imoralidade sexual e idolatria dentro da igreja, e foi por isso que foram repreendidos pelo Senhor.

Na cidade de Tiatira, muitas associações comerciais eram bem elaboradas, e as pessoas da igreja eram sempre tentadas a adorar ídolos através de suas práticas. Todos os seus colegas de trabalho ou parceiros adoravam ídolos para serem prósperos em seus negócios. Quando os membros da igreja não participavam dessas práticas, eles podiam ser odiados ou perseguidos pelas pessoas. Imaginemos que um homem, que diz ser um irmão em Cristo, vá até essas pessoas perseguidas e as tente por saber que estão em agonia.

"Em seu coração, você não acredita nesse ídolo. Basta se curvar diante dele e tudo vai voltar ao normal. Você não vai ser o único a fazer uma coisas dessas. Deus é amor."

"Se continuar sendo cabeça dura assim e quebrar a paz com seus próximos, as coisas ficarão esquisitas e isso irá apagar o brilho da glória de Deus em sua vida. Você não conseguirá mais evangelizar ninguém. Você não acha que, para evangelizar pessoas, seria sábio se curvar diante de ídolo uma vezinha só?"

Sabendo que isso não é verdade, algumas pessoas usam seus próprios argumentos para se justificarem e tentam outras como Jezebel havia feito. E se essas pessoas forem líderes da igreja ou o pastor?

Se alguém viesse até nós e nos dissesse diretamente: "Vamos nos levantar contra Deus. Vamos praticar a maldade." Se tivéssemos um mínimo de fé que fosse, ficaríamos em alerta e nos manteríamos longe dessa pessoa. Mas, quando alguém aparentemente professa a palavra de Deus e diz: "Comunico-me com Deus; sou um profeta e um servo Dele", aqueles, cuja fé é fraca, podem ser enganados.

Se essa pessoa é verdadeiramente um profeta de Deus, a prova de que Deus está com ela deve acompanhá-la. Ela deve ter em sua vida a luz e os frutos do Espírito como bondade, amor, sacrifício e mansidão. Acima de qualquer coisa, ela também deve ter autoridade e poder que são manifestados para mostrar que Deus a garante.

Aqueles que são guiados pelas obras do Espírito Santo podem reconhecer um verdadeiro profeta por seus frutos, ainda que ele não se diga profeta. O oposto também acontece: quando um falso profeta se diz profeta como Jezebel o fazia, se discernido pela verdade, sua verdadeira identidade pode ser revelada.

Deuteronômio, 18:22, diz: *"Pois, se alguém que tem a consciência fraca vir você, que tem este conhecimento, comer num templo de ídolos, não será induzido a comer do que foi sacrificado a ídolos?"*

## A Razão Pela Qual Não Devemos Aceitar Falsos Profetas

Um profeta, que se auto intitula profeta e calunia os outros com palavras más, julga, condena, busca seus próprios benefícios com mentiras e cria animosidade entre as pessoas, é um falso profeta. O falso profeta traz problemas para a igreja e seus membros com muitas trapaças, esquemas e manipulações.

Ele não guia as pessoas ao amor de Deus, mas planta coisas carnais e mundanas em seus corações, e faz com que o sigam por caminhos da carne.

Se nos associarmos com tal homem, nos mancharemos com inverdade sem percebermos. Logo, uma igreja nunca deve tolerar uma pessoa como Jezebel, nem cometer pecados junto com um falso profeta.

Obviamente, quando um do rebanho desobedece e traz problemas à igreja, chamando-se de profeta, o pastor verdadeiro deve suportar isso e guiar o resto do rebanho com amor.

Mas devemos saber que não é amor tolerar uma sinagoga de Satanás, nem é amor tolerar alguém como Jezebel, que tenta os crentes a caírem em destruição e trabalharem livremente dentro da igreja.

Mateus, 18:15-17, explica como devemos lidar com aqueles que causam tais problemas na igreja.

*Se o seu irmão pecar contra você, vá e, a sós com ele, mostre-lhe o erro. Se ele o ouvir, você ganhou seu irmão. Mas se ele não o ouvir, leve consigo mais um ou dois outros, de modo que 'qualquer acusação seja confirmada pelo depoimento de duas ou três testemunhas.' Se ele se recusar a ouvi-los, conte à igreja; e se ele se recusar a ouvir também a igreja, trate-o como pagão ou publicano.*

Devemos seguir essa ordem. Quando ele se arrepender, devemos perdoar-lhe e esquecer suas transgressões. Mas se ele não se arrepender nem mudar de atitude e persistir até o fim, não podemos deixá-lo atrapalhar a igreja e impossibilitar o brilho da glória de Deus.

Contudo, ao mesmo tempo, devemos fazê-lo com o coração do Senhor, que não quebra o caniço rachado nem apaga o pavio fumegante.

## Deus Dá Chances para Arrependimento

Quando um homem comete erros e pecados aos olhos de Deus, uma punição não vem sobre ele na mesma hora. Seja pela palavra de Deus pregada no púlpito, ou pela palavra do Espírito Santo, Deus lhe dá uma chance, para que ele se dê conta de seu pecado, se arrependa e mude de atitude.

Entretanto, mesmo tendo uma oportunidade de perceber que pecou, se o seu coração ainda estiver endurecido e ele não mudar de atitude, um castigo virá sobre a sua vida através da acusação de Satanás. Começará com um castigo leve. Se não houver arrependimento, punições mais e mais severas serão dadas.

Foi o caso das dez pragas do Egito, no tempo do Êxodo. Inicialmente, todo o Nilo se transformou em sangue e as pessoas não conseguiam beber mais dele; e depois veio a praga das rãs, que infestaram todos os lugares, até tigelas de alimentos.

Apesar de essas pragas serem angustiantes e atormentadoras, o dano que causaram não foi fatal ao ponto de não dar mais para se recuperarem. Teria sido bom, se o faraó tivesse mudado de atitude, mas quando as pragas eram retiradas, ele voltava a desobedecer à vontade de Deus e enfrentava, assim, pragas ainda mais miseráveis.

Houve a praga da morte dos rebanhos e das feridas purulentas. Ele enfrentou a praga do granizo e a praga dos gafanhotos. Precisou sofrer danos financeiros.

Entretanto, ele não se converteu e, no fim, todos os primogênitos do Egito foram mortos, incluindo o filho do faraó, de seus subordinados, escravos e até do rebanho. Ainda assim, ele não se arrependeu e o Mar Vermelho o engoliu.

Provérbios, 3:11, diz: *"Meu filho, não despreze a disciplina do SENHOR nem se magoe com a sua repreensão."* Quando os filhos de Deus evitam a vontade de Deus, o Espírito Santo geme. Eles perdem a paz em seus corações e sentem-se aflitos.

Deus dá vários sinais, para que eles possam se dar conta do que está acontecendo. Se eles, ainda assim, não percebem, Deus permite que o castigo venha sobre suas vidas. Eles se machucam, pegam uma doença ou sofrem um acidente. Podem ter algum problema na família ou negócios e podem ter alguma perda financeira.

Uma vez que somos filhos de Deus, Ele nos disciplina, quando estamos distantes da verdade, para que possamos caminhar pelo caminho certo. Se não houver punição depois que pecarmos, significa que não temos nada a ver com Deus; e isso é bem pior que o castigo (Hebreus, 12:8).

Dessa forma, quando somos punidos por causa dos nossos pecados, não podemos nos magoar ou desistir, mas receber a repreensão com gratidão do fundo dos nossos corações e mudar de atitude o mais rápido possível. Assim, o Deus de graça e misericórdia nos perdoará, nos salvará das tribulações e nos protegerá das pragas. Ele fará com que vivamos em paz e sob proteção novamente.

## A Situação de Não Mudar de Atitude nas Chances para Arrependimento que Se Recebem

Mas, se não mudarmos de atitude, mesmo quando Deus nos der uma chance para nos arrependermos através de algum castigo, colheremos o que fizermos nessa terra. No último dia, seremos sentenciados à morte eterna.

A Igreja de Tiatira também recebeu chance para se arrepender, mas seus membros não mudaram de atitude e tiveram de passar por sérias tribulações. Apocalipse, 2:22, diz: *"Eis que a porei numa cama, e sobre os que adulteram com ela virá grande tribulação, se não se arrependerem das suas obras."*

Em geral, cama é lugar de relaxar e se sentir confortável; a cama faz as pessoas quererem descansar sobre ela. Entretanto, espiritualmente, a cama era um lugar onde Jezebel fazia coisas detestáveis. Era um lugar abominável e que causava aversão em Deus. Assim, a expressão, 'pôr numa cama' significa que o Senhor irá se irar com os maus, que não mudam de atitude, apesar da chance que recebem. Significa que o Senhor os colocará em terrível tribulação.

Às vezes, malfeitores parecem gostar de sua prosperidade, porque o castigo ou a tribulação não vem sobre eles imediatamente. Algumas pessoas até dizem: "Se Deus vive mesmo, como Ele pode deixar essas pessoas tão más agirem tão livremente assim?", elas reclamam.

Mas Salmo, 37:1-2, diz: *"Não se aborreça por causa dos homens maus e não tenha inveja dos perversos; pois como o capim, logo secarão, como a relva verde, logo murcharão."* O

Salmo 37:10, também diz: *"Um pouco de tempo, e os ímpios não mais existirão; por mais que você os procure, não serão encontrados."*

Como escrito, mesmo malfeitores que parecem prósperos e aparentam se sentir bem, quando deitam a cabeça no travesseiro, assim que cruzarem o limite da justiça, enfrentarão o julgamento instantaneamente. Às vezes parece que eles não enfrentam nenhum julgamento, mas vivem em paz. Contudo, eventualmente serão lançados no fogo da morte eterna no inferno. Assim, não há como dizer que eles são prósperos.

A cama onde Jezebel foi jogada pode parecer confortável àqueles que não entenderam esse fato e, assim, eles podem cair em tentação e pecar junto com ela. A essas pessoas, o Senhor diz: *"sobre os que adulteram com ela virá grande tribulação, se não se arrependerem das suas obras."*

Então, o que 'grande tribulação' quer dizer aqui? Quer dizer que o julgamento final onde não se será salvo e se cairá no inferno, ou para aqueles que virem a volta do Senhor, passar pelos Sete Anos da Grande Tribulação.

## Deus Julga De Acordo com a Justiça

Há o caso em que o pecado de um homem não traz apenas

uma tribulação para ele, mas também outras com consequências bem maiores.

Há casos também em que o país inteiro passa por tribulação por causa do pecado do seu cabeça; caso em que a igreja inteira sofre por causa do seu pastor, que não está agindo adequadamente aos olhos de Deus, e o caso da família, que enfrenta tribulações, porque seus membros estão pecando.

O caso de Jezebel une todos esses três casos. Jezebel era como a mãe de seu país. Ela tentou seu marido rei, seus subordinados e todo o povo, para que pecassem. Ela estabeleceu idólatras e líderes religiosos. É por isso que todo o seu país enfrentou uma grande tribulação, quando viveu três anos e meio de seca. Além disso, a própria Jezebel teve uma morte trágica e miserável.

Com base nisso, podemos dizer que uma guerra ou alguma outra séria tribulação em um país não acontece por acaso; é pela lei da justiça. E é o mesmo em relação ao nosso local de trabalho ou igreja.

Logo, devemos lembrar que, quanto maior é a nossa posição, mais responsabilidade temos, tanto no mundo como na igreja. Quando a cabeça está desperta e ora, o corpo desfruta de prosperidade. Ainda que venha uma provação, ela vai embora rapidamente.

Uma vez que Deus vasculha no mais profundo dos nossos

corações com Seus olhos de fogo, ninguém pode enganá-Lo. Pessoas como Jezebel e aqueles que participam de suas obras certamente enfrentarão o julgamento em justiça.

Em Apocalipse, 2:23, o Senhor diz: *"Matarei os filhos dessa mulher. Então, todas as igrejas saberão que eu sou aquele que sonda mentes e corações, e retribuirei a cada um de vocês de acordo com as suas obras."*

A palavra de advertência: "Matarei os filhos dessa mulher", também significa punição ou tribulação que vem em justiça. Não quer dizer que sempre um castigo ou tribulação virá sobre os filhos.

Como resultado do pecado de um indivíduo, um membro da família, a quem ele tanto ama, como um esposo ou esposa, pode enfrentar tribulação ou sofrer com problemas financeiros ou doenças. A justiça de Deus será revelada através de um julgamento que permitirá que todos saibam que Deus vê não somente obras, mas também a mente, a vontade e o coração.

É claro, no entanto, que antes de as tribulações virem, Deus nos permite perceber o nosso erro de várias formas. Ele nos adverte por meio de mensagens pregadas ou através de pessoas ou maneiras inesperadas.

Se tivermos ouvidos espirituais para ouvir Deus, poderemos sentir que Ele vasculha nosso coração e mente e intervém por nós até mesmo nas pequenas coisas. Provérbios, 15:3, diz: *"Os olhos do SENHOR estão em toda parte, observando atentamente os maus e os bons."* E Salmo, 139:3, diz: *Sabes muito bem quando trabalho e quando descanso; todos os meus caminhos são bem conhecidos por ti."*

O Deus Soberano conhece não apenas as palavras e obras de cada um, mas também o coração. Ele conhece até mesmo o mais profundo dos corações. Não conseguimos esconder Dele sequer um olhar cheio de maus sentimentos em relação à outra pessoa. Até a menor obra de bondade que fizermos em segredo será claramente revelada a Ele no Dia do Julgamento.

Portanto, precisamos prestar atenção à voz de Deus, que vasculha nosso coração, e ficar despertos, para que não sigamos os ensinos de Jezebel.

~

# O Conselho do Senhor e a Promessa para a Igreja de Tiatira

"Aos demais que estão em Tiatira, a vocês que não seguem a doutrina dela e não aprenderam, como eles dizem, os profundos segredos de Satanás, digo: Não porei outra carga sobre vocês; tão-somente apeguem-se com firmeza ao que vocês têm, até que eu venha. Àquele que vencer e fizer a minha vontade até o fim darei autoridade sobre as nações. Ele as governará com cetro de ferro e as despedaçará como a um vaso de barro. Eu lhe darei a mesma autoridade que recebi de meu Pai. Também lhe darei a estrela da manhã. Aquele que tem ouvidos ouça o que o Espírito diz às igrejas" (Apocalipse, 2:24-29).

Deus é o Deus da justiça e, em justiça, nos recompensa,

segundo as nossas obras; e ao mesmo tempo Ele é Amor, suportando pacientemente as coisas por muito tempo.

2 Pedro, 3:9, diz: *"O Senhor não demora em cumprir a sua promessa, como julgam alguns. Ao contrário, ele é paciente com vocês, não querendo que ninguém pereça, mas que todos cheguem ao arrependimento."*

Esse é o coração de Deus, quando o Senhor aconselha a Igreja de Tiatira. Ele não a abandonou como uma igreja que não ia se arrepender, mas a aconselhou.

## Conselho à Igreja de Tiatira que Não Se Arrependeria

Na Igreja de Tiatira, 'a vocês que não seguem a doutrina dela' se refere aos recém-convertidos que não vivem segundo a palavra de Deus ainda. Eles a ouvem diligentemente, mas ainda não possuem fé suficiente para guardá-la.

Agora o Senhor diz que eles não conhecem as coisas profundas de Satanás. Trazendo para os dias de hoje, isso se refere àqueles que ficam em uma religião, que adora ídolos, sem perceber que isso é obra de Satanás.

Todo país tem leis e regulamentos. Se eles são cumpridos, tudo fica bem; mas se as pessoas não os conhecem, podem descumpri-los e ser punidas. Assim é também com o mundo espiritual. Se não conhecemos as leis de Deus, podemos cair na tentação de Satanás e descumpri-las.

O preço que pagamos é a punição. No entanto, ainda que cometamos o mesmo pecado, o castigo varia, dependendo do nível da nossa fé. Por exemplo, quando um novo e um maduro na fé violam o Sábado, o Dia do Senhor, a gravidade do pecado de cada um é diferente.

Quando um homem de fé julga os outros e fofoca, é totalmente diferente de quando um recém-convertido, que ainda não conhece a verdade, o faz. O homem de fé sabe muito bem que julgar e fofocar são grandes pecados e que, quando age assim, ele próprio se torna um juiz. Se ele, mesmo sabendo disso, comete esse pecado, a acusação de Satanás contra a sua vida é mais severa.

Dessa forma, o mundo espiritual tem várias profundidades e a obra de Satanás varia de acordo com cada uma. Recém-convertidos não sabem de nada disso. É por isso que o Senhor diz que eles não conhecem as coisas profundas de Satanás.

## A Razão Pela Qual a Igreja de Tiatira Não Se Arrependia

Os membros da Igreja de Tiatira estavam em um nível mais baixo de fé; não conheciam as coisas profundas de Satanás e seus olhos espirituais não estavam abertos. Eles ouviam a palavra, mas não conseguiam digeri-la, tampouco tinham forças para praticá-la. É por isso que ainda amavam o mundo, mesmo professando amar a Deus. Eles não deixaram o velho eu de lado, mas ainda cediam às trevas.

Se comparada aos estágios do crescimento do homem, a Igreja de Tiatira ainda era um bebê, que tomava leite do peito. É por essa razão que o Senhor disse a eles: "Não porei outra carga sobre vocês; (v. 24) tão-somente apeguem-se com firmeza ao que vocês têm, até que eu venha"(v. 25).

O Senhor não lhes pede para alcançar um nível espiritual mais profundo, como ser santificado e receber poder. Ele lhes diz para se apegarem com firmeza no que têm agora, seu nível de fé atual, para que possam alcançar a salvação (1 Coríntios, 3:1-2).

Entretanto, não podemos interpretar mal que devemos simplesmente manter o nosso nível de fé atual. Se ficarmos preguiçosos, pensando: "Tudo bem agora. Vou descansar", será como parar de remar um barco que está indo contra a correnteza.

Especialmente agora, muito próximos do fim dos tempos, se tivermos um pensamento preguiçoso e simplesmente mantivermos o nível da nossa fé em nossa vida cristã, o resultado será um drástico retrocesso.

## A Promessa do Senhor Dada à Igreja de Tiatira

Aos membros da Igreja de Tiatira, que tinham fé como

crianças pequenas, o Senhor deu uma palavra de conselho, mas também uma palavra de promessa. Ele disse: "Àquele, que vencer e fizer a minha vontade até o fim, darei autoridade sobre as nações" (v.26).

Primeiro, "àquele que vencer" se refere a derrotar a inverdade, maldade, e trevas guardando e vivendo pela palavra de Deus.

Depois, 'minha vontade' se refere às obras do Senhor. Fazer a Sua vontade significa obedecer à palavra de Deus, como Jesus o fez, e aumentar o Seu reino, salvando mais e mais almas.

O Senhor diz: "darei autoridade sobre as nações", isto é, governar sobre o inimigo que tem a autoridade para governar sobre todas as nações dessa terra.

Depois que Deus criou os céus e a terra e o primeiro homem, Adão, Ele deu-lhe a autoridade para governar sobre as nações (Gênesis, 1:28). Contudo, Adão foi tentado por Satanás para desobedecer a Deus e a sua autoridade foi passada para Satanás.

Todavia, é claro que é permitido que essa autoridade esteja com Satanás só até o devido tempo, isto é, para o tempo da cultivação humana. Ela não pode ser exercida sobre aqueles que creem no Senhor e se tornaram filhos de Deus.

*Mas Jesus veio ao mundo, foi crucificado e derramou o Seu sangue. Ao ressuscitar, no terceiro dia após o*

*Seu sepultamento, Ele quebrou a autoridade da morte, salvando-nos da autoridade do Diabo. Uma vez que aqueles, que aceitam Jesus Cristo como seu Salvador, recebem o direito de se tornar filhos de Deus, eles são ungidos como filhos Dele e libertos do Diabo* (João, 1:12).

E, uma vez filhos de Deus, eles não têm mais nada a ver com as trevas, que estão sob a autoridade do inimigo, mas vivem pela palavra de Deus em verdade, que pertence à luz. Isso é vencer e fazer a vontade do Senhor.

O Diabo, entretanto, de todas as formas possíveis, tenta atrapalhar a nossa vida na verdade, para que caiamos no mundo novamente. Ele planta dúvida em nós, para que não tenhamos fé, e faz com que amemos mais o mundo que a Deus. Ele nos atrapalha de várias maneiras.

Contudo, ao expulsarmos o Diabo pela palavra, conseguimos derrotá-lo mais e mais.

E quanto mais completamente vivemos pela palavra, mais poder e autoridade recebemos do alto. Então, governamos facilmente sobre o inimigo, que governam o mundo. Ao vivermos pela palavra completamente, nos despojarmos do mal e alcançarmos a santificação, nenhum homem mau poderá nos tocar (1 João, 5:18).

## O Tipo de Caso a Ser Julgado por Deus

Aqueles que são derrotados na batalha contra o governador das trevas continuarão vivendo sob a autoridade do Diabo. Especialmente, se seguirem o exemplo dos nicolaítas, Balaão ou Jezebel, tornar-se-ão escravos de Satanás e enfrentarão um terrível julgamento. É o que o Senhor diz em Apocalipse, 2:27.

O Senhor diz em Apocalipse, 2:27: *"Ele as governará com cetro de ferro e as despedaçará como a um vaso de barro. Eu lhe darei a mesma autoridade que recebi de meu Pai."*

Aqui, cetro de ferro é uma vara de ferro. Se quebramos um vaso de barro com uma vara de ferro, ele se despedaça. Portanto, "ele as governará com cetro de ferro e as despedaçará como a um vaso de barro" se refere à autoridade de Deus, que julga.

Originalmente, o primeiro homem que Deus criou era um espírito vivente, um ser nobre. Ele era um ser espiritual, que refletia a imagem de Deus, mas o seu espírito morreu por causa do pecado e ele se tornou um homem carnal, sob o controle de sua alma. Ele ficou sendo nada mais que um vaso de barro. Assim, 'quebrar o vaso de barro' significa quebrar aqueles que não vivem pela palavra de Deus. Aqueles que pertencem a Satanás, no fim, serão abandonados.

Como escrito em João, 12:48, que diz: *"Há um juiz para quem me rejeita e não aceita as minhas palavras; a própria palavra que proferi o condenará no último dia,"* aqueles que não receberam a palavra de Deus serão julgados de acordo com a Sua palavra no Último Dia.

Mas aqueles, que guardam a palavra de Deus em seus corações, vencem e fazem a vontade do Senhor. Recebem a autoridade da luz, que quebra a autoridade do inimigo. Como o Senhor diz: "Eu lhe darei a mesma autoridade que recebi de meu Pai", receberão autoridade.

O Senhor também lhes diz: "também lhes darei a estrela da manhã." A estrela da manhã é a maior de todas as estrelas, e se refere ao Senhor. Em Apocalipse, 22:16, o Senhor diz: *"Eu, Jesus, enviei o meu anjo para dar a vocês este testemunho concernente às igrejas. Eu sou a Raiz e o Descendente de Davi e a resplandecente Estrela da Manhã."*

Logo, 'dar-lhes a estrela da manhã' significa que, assim como Deus ama e reconhece o Senhor, Ele os reconhecerá como filho e amará aqueles que viverem segundo a palavra e derrotarem Satanás.

Quando cremos no Senhor, nos despojamos de toda forma de maldade e vivemos diligentemente, segundo a palavra de Deus. O nosso caráter refletirá o do Senhor e nos tornaremos pessoas espirituais. Assim, nos tornamos santos e perfeitos como Jesus Cristo, o filho de Deus, e seremos reconhecidos como filhos de Deus.

No entanto, independente do número de vezes que proferimos que cremos no Senhor, se não vivermos pela palavra de Deus e perdermos para o Diabo, não receberemos a estrela da manhã e não seremos reconhecidos como filhos de Deus. Em outras palavras, não seremos salvos.

## O Deus de Amor Quer que Todos Recebam a Salvação

Deus nos retribui segundo o que tivermos feito, com a Sua justiça. Porém, quando seguimos uma teoria errada ou falsa teoria, sem saber que é esquema de Satanás, Deus não coloca um fardo sobre nós, se nos dermos conta do que estamos fazendo, nos arrependermos e mudarmos de atitude.

Contudo, se tivermos seguido os caminhos de Satanás, cientes do que estávamos fazendo, haverá retribuição, ainda que nos arrependamos profundamente e mudemos de atitude. Não é que os problemas com pecados não sejam resolvidos completamente, ao irmos para o Senhor; mas haverá retribuições, segundo o que fizemos no passado. Obviamente, isso também faz parte do amor de Deus, que nos aperfeiçoa e nos dá sempre coisas melhores.

Portanto, devemos correr a corrida da fé até a volta do Senhor e não perder a chance da salvação. Deus está nos ensinando com a verdade para salvar sempre mais uma alma. Ele está proclamando a verdade àqueles que estão no caminho errado.

Em especial, no caso das pessoas que acreditam em Deus, mas

são enganadas por Satanás, seguindo por um caminho de morte, Ele quer abrir-lhes o caminho de salvação com um coração ainda mais fervoroso.

Quando um bebê nasce, com o passar do tempo, ele cresce. Na fé, é a mesma coisa: precisamos continuar crescendo. Crescimento espiritual não são apenas obras exteriores, mas é livrar-se da maldade do coração e realizar a santificação.

Mesmo se estivermos sendo fiéis por fora e fazendo o nosso melhor em obras, se não circuncidarmos os nossos corações, não teremos vida cristã próspera. Quando um bebê cresce, ele cresce tanto física como mentalmente. Da mesma forma, em nossa vida cristã, nossa fé precisa crescer tanto em ações como em maturidade espiritual.

A Igreja de Tiatira não tinha esse crescimento por dentro. Eles ficaram em um nível de fé de uma criança. Não conseguiram receber a promessa de recompensas no reino dos céus, mas apenas a promessa da salvação.

Efésios, 4:13, diz: *"até que todos alcancemos a unidade da fé e do conhecimento do Filho de Deus, e cheguemos à maturidade, atingindo a medida da plenitude de Cristo."* Precisamos crescer continuamente, para sermos igrejas e crentes capazes de agradar a Deus.

# Capítulo 5

# Igreja de Sardes
- Uma Pequena Igreja
Aparentemente Viva, mas Morta

A Igreja de Sardes recebeu uma repreensão do Senhor que dizia: "você tem fama de estar viva, mas está morta."

Eles professavam sua fé em Deus e no Senhor, mas eles, na verdade, eram mortos, já que eles não tinham obras de fé.

Entretanto, alguns dos membros realmente tentaram manter a fé.

A palavra dada à Igreja de Sardes hoje é a palavra dada às igrejas que precisam transformar sua fé morta em uma fé verdadeira, que é acompanhada de obras, e aos que têm orado e tentado praticar a palavra de Deus.

"Ao anjo da igreja em Sardes escreva: Estas são as palavras daquele que tem os sete espíritos de Deus e as sete estrelas. Conheço as suas obras; você tem fama de estar vivo, mas está morto.

Esteja atento! Fortaleça o que resta e que estava para morrer, pois não achei suas obras perfeitas aos olhos do meu Deus. Lembre-se, portanto, do que você recebeu e ouviu; obedeça e arrependa-se. Mas se você não estiver atento, virei como um ladrão e você não saberá a que hora virei contra você.

No entanto, você tem aí em Sardes uns poucos que não contaminaram as suas vestes. Eles andarão comigo, vestidos de branco, pois são dignos. O vencedor será igualmente vestido de branco. Jamais apagarei o seu nome do livro da vida, mas o reconhecerei diante do meu Pai e dos seus anjos. Aquele que tem ouvidos ouça o que o Espírito diz às igrejas."

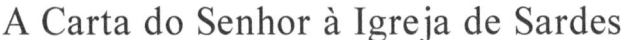

# A Carta do Senhor à Igreja de Sardes

"Ao anjo da igreja em Sardes escreva: Estas são as
palavras daquele que tem os sete espíritos de Deus e as
sete estrelas" (Apocalipse, 3:1).

A cidade de Sardes era uma cidade rica, cuja prosperidade
vinha da indústria tingidora de tecido. Era cheia de extravagância
e imoralidade e era um centro de idolatria. Esse era o ambiente
em que a Igreja de Sardes estava, e ela não tinha uma fé perfeita.

## O Senhor Tem os Sete Espíritos de Deus

Vemos a seguinte coisa sobre o Senhor, que está escrevendo
à Igreja de Sardes: *"Estas são as palavras daquele que tem os
sete espíritos de Deus e as sete estrelas."* Os 'sete espíritos' são

o coração de Deus, que é espírito em si.

O coração do Senhor está na Bíblia. Com informações detalhadas, ela nos mostra como agradar a Deus e receber Suas respostas. São os sete Espíritos que revelam o coração de Deus e as condições de resposta.

O número 'sete' aqui não significa que os Espíritos de Deus são sete em número. Espiritualmente, 'sete' significa 'completo e perfeito'. Como João, 4:24, fala: *"Deus é espírito."* Assim, 'sete' representa o Espírito de Deus, que é perfeito. Deus sempre vasculha e supervisiona cada vida humana na terra. Durante o exame, Ele envia os sete Espíritos que são o Seu coração (Apocalipse, 5:6).

Os sete Espíritos vasculham o coração e comportamento de todo homem. Assim, segundo a justiça, Deus dá respostas e bênçãos àqueles que têm um coração correto diante Dele. Para ficar mais fácil de entender, podemos pensar nos sete Espíritos como uma balança que Deus usa para pesar aquilo que precisa ser pesado para Ele responder nossas orações. Há coisas que compramos que precisam ser pesadas, e pagar de acordo com seu peso. Da mesma forma, quando queremos ser respondidos, devemos preencher os requisitos dentro da medida dos sete Espíritos.

Então, o que é que os sete Espíritos pesam para decidir se a resposta à nossa oração será "sim" ou "não"? Os sete Espíritos pesam precisamente o coração, mente e comportamento, que são categorizados em sete aspectos.

## Os Sete Espíritos do Senhor, as Sete Estrelas e as Condições para Respostas

Primeiro, os sete Espíritos medem a 'fé.'

A fé medida não é a fé carnal, que é apenas conhecimento, mas a fé espiritual, que é acompanhada por obras. A fé espiritual é a fé de quem realmente crê, sem duvidar, mesmo que algo não faça sentido para a pessoa. Ela é a fé dada por Deus e é a fé com a qual acreditamos que algo pode ser criado do nada. Deus nos dá essa fé, à medida que nos livramos da maldade dos nossos corações, pela santificação.

Segundo, os sete Espíritos de Deus medem a 'oração.'

O quanto oramos, é medido, segundo o coração e vontade de Deus. Para sermos corretos dentro da vontade de Deus, devemos orar regularmente, ajoelhando-nos diante Dele e clamando com todo o nosso coração, mente e força. Deus não olha a aparência, mas o interior do coração. Logo, devemos orar com todo o nosso coração e não com os nossos próprios desejos. Além do mais, devemos orar com fé e amor, seguindo a vontade de Deus.

A terceira medida dos sete Espíritos é a 'alegria.'

Ser alegre prova que temos fé, pois se temos firme fé em Deus e certeza de que seremos respondidos, podemos nos regozijar em qualquer situação. Como a alegria espiritual vem da paz, se não construirmos um muro de pecado entre nós e Deus, mas tivermos paz com Ele, ela estará sempre em nossos corações.

Quarto, os sete Espíritos medem a gratidão.

Se tivermos fé, conseguiremos dar graças sob qualquer circunstância ou condição. Se somos gratos, apenas quando tudo está indo bem, e ficamos magoados e reclamamos, quando estamos diante de dificuldades, não podemos ser aprovados no exame da nossa gratidão, feito pelos sete Espíritos. Assim, a nossa resposta demorará mais a chegar.

Quinto, os sete Espíritos medem se cumprimos os 'mandamentos.'

A Bíblia tem muitas ordens, falando-nos para fazer isso, não fazer aquilo, guardar isso e nos despojar daquilo. Entre elas estão os Dez Mandamentos, que são um resumo de todas as ordens. Os sete Espíritos medem se cumprimos os Dez Mandamentos. 1 João, 5:3, diz: *"Porque nisto consiste o amor a Deus: em obedecer aos seus mandamentos. E os seus mandamentos não são pesados."* Logo, a prova de amor a Deus é obedecer aos Seus mandamentos.

Sexto, os sete Espíritos medem a 'fidelidade.'

Não se trata apenas da fidelidade ao reino de Deus, mas também da fidelidade em todo aspecto: na família e no local de trabalho. Obviamente, se tivermos fé, a nossa prioridade será a obra de Deus. Entretanto, não devemos negligenciar o trabalho na família e na empresa. Temos de ser fiéis em toda a casa de Deus. E o mais importante na fidelidade é que devemos ser espiritualmente fiéis, ou seja, temos de circuncidar o nosso coração. Quando refletimos o coração de Deus e nos devotamos a ponto até de sacrificar nossas vidas, se necessário, podemos ter uma fidelidade espiritual perfeita.

Sétimo, os sete Espíritos de Deus medem o 'amor.'

O amor é como um laço que conecta todos os aspectos anteriores que são medidos. Não importa o quanto oramos e trabalhamos fielmente no ministério de Deus; tudo só será realmente significante se fizermos com verdadeiro amor por Deus e pelos irmãos e irmãs na fé.

Os sete Espíritos de Deus medem a fé, a oração, a alegria, a obediência aos mandamentos, a fidelidade e o amor, a fim de decidirem se podemos ser respondidos ou não. No entanto, a medida usada não é a mesma para todo mundo. As pessoas são medidas justamente, e leva-se em consideração a medida da fé de cada um.

Em outras palavras, para aqueles que têm uma fé pequena, o padrão de medida também será menor; mas para aqueles que são cristãos já por um tempo considerável e possuem uma fé maior, o padrão será maior.

O Senhor, que tem os sete Espíritos de Deus, também tem as sete estrelas. Aqui, 'estrela' se refere ao homem. Em Gênesis, 15:5, Deus disse a Abraão: *"Olhe para o céu e conte as estrelas, se é que pode contá-las."* E prosseguiu: *"Assim será a sua descendência."* Deus comparou os descendentes de Abraão com estrelas.

Portanto, as sete estrelas se referem a todos os servos de Deus que foram escolhidos por Ele desde os tempos do Velho e Novo Testamentos. São servos que Deus segura em Suas poderosas mãos e usa. O Senhor revela o coração e a vontade do Pai por Seus lábios e manifesta as obras do Deus vivo, para que os filhos de Deus possam andar no caminho da verdade.

Assim, o Senhor 'ter os sete Espíritos e as sete estrelas', quer dizer que Ele vasculha todas as coisas através de Seus sete Espíritos e guia os filhos de Deus ao caminho da verdade, através das sete estrelas.

## Igrejas Como a Igreja de Sardes

A Igreja de Sardes ouvia a palavra de Deus e a tinha como conhecimento, sem a colocar em prática. Em outras palavras, seus membros tinham o que chamamos de uma 'fé morta'. É por isso que o Senhor os repreendeu dizendo: "você tem fama de estar vivo, mas está morto" (v.1). Eles pensavam que seriam salvos, mas, do ponto de vista do Senhor, não teriam salvação nenhuma.

Hoje, há um número surpreendente de igrejas e crentes que têm uma fé morta, como a da Igreja de Sardes. Eles têm a fama de 'crentes', quando, na verdade, não é fácil encontrar aqueles que verdadeiramente guardam o Sábado, o Dia do Senhor, e dão todo o dízimo – que são as atitudes ou obras mais básicas da vida cristã.

O que é mais lastimável é que não são muitos os pastores que ensinam aos membros de suas igrejas a se livrarem do pecado e viverem de acordo com a palavra de Deus. Pastores que guiam um rebanho precisam ter uma fé verdadeira e testificar do Deus vivo, com obras de poder e autoridade. No entanto, não é o que se vê hoje. Muitos pastores ensinam apenas conhecimento teológico. Eles ensinam com teorias aprendidas e ideologias. É a mesma coisa que um cego guiando outro cego (Mateus, 15:14).

Em Mateus, 23:26, podemos ver o que Jesus disse aos fariseus que não praticavam a palavra de Deus, mas só a tinham nos lábios. Lemos: *"Fariseu cego! Limpe primeiro o interior do copo e do prato, para que o exterior também fique limpo."* E em Mateus, 23:3, Ele disse aos Seus discípulos: *"Obedeçam-lhes e façam tudo o que eles lhes dizem. Mas não façam o que eles fazem, pois não praticam o que pregam."*

O poder da oração ou as incríveis obras de Deus não podem ser realizadas por esse tipo de pastor. Até mesmo o fogo do Espírito da igreja pode se extinguir e suas almas podem ir morrendo espiritualmente. Essa igreja pode até ter alguns membros, mas será apenas uma igreja no nome, longe do avivamento.

Mateus, 7:21, diz: *"Nem todo aquele que me diz: 'Senhor, Senhor', entrará no Reino dos céus, mas apenas aquele que faz a vontade de meu Pai que está nos céus."*

Suponha que uma pessoa tenha trabalhado para o reino e a justiça de Deus e devotado a sua vida até certo ponto. Entretanto, quando estiver no Julgamento, se Deus disser: "Nunca o conheci; afaste-se de Mim, você praticou o mal", como isso será trágico!

Ainda que alguém pareça ser fiel como cristão e faça obras voluntárias para Deus, se o seu coração não estiver sendo transformado, não podemos dizer que essa pessoa esteja vivendo uma vida cristã.

Para ter uma fé viva, isto é, a verdadeira fé, temos de, acima de tudo, circuncidar o nosso coração. A circuncisão do coração é tirar o seu prepúcio, como registrado em Jeremias, 4:4: *"Purifiquem-se para o SENHOR, sejam fiéis à aliança, homens de Judá e habitantes de Jerusalém! Se não fizerem isso, a minha ira se acenderá e queimará como fogo, por causa do mal que vocês fizeram; queimará e ninguém conseguirá apagá-la."*

Remover o prepúcio do coração significa livrar-se da injustiça, maldade e inverdades, quando a palavra de Deus nos diz para não fazermos certas coisas e, praticando a verdade, quando a palavra de Deus nos diz para fazermos outras.

Dessa maneira, à medida que praticamos a palavra de Deus e nos santificamos, a fé verdadeira, que pode ser reconhecida por Deus, nos é dada. Portanto, que a mensagem dada à Igreja de Sardes nos faça refletir sobre nossas atitudes e corações e que a nossa fé não seja uma fé morta, mas espiritual e verdadeira.

# Repreensão do Senhor à Igreja de Sardes

"Ao anjo da igreja em Sardes escreva: "Estas são as palavras daquele que tem os sete espíritos de Deus e as sete estrelas. Conheço as suas obras; você tem fama de estar vivo, mas está morto. Esteja atento! Fortaleça o que resta e que estava para morrer, pois não achei suas obras perfeitas aos olhos do meu Deus. Lembre-se, portanto, do que você recebeu e ouviu; obedeça e arrependa-se. Mas se você não estiver atento, virei como um ladrão e você não saberá a que hora virei contra você" (Apocalipse, 3:1-3).

Não podemos esconder nada de Deus, que nos examina através dos sete Espíritos e com Seus olhos de fogo. Como o Senhor disse à Igreja de Sardes, "Conheço as suas obras", Deus vasculha não apenas as nossas obras, mas até as pequenas coisas no mais profundo dos nossos corações.

Flores que são podadas e colocadas em um arranjo parecem vivas, quando, na verdade, estão mortas já que estão separadas de sua raiz. Da mesma forma, a fé dos membros da Igreja de Sardes podia parecer viva, mas quando medida precisamente pelo padrão do Senhor, estava praticamente morta.

## A Igreja de Sardes com Fama de Viva, mas Morta

Agora, o que significa exatamente a expressão "você tem fama de estar vivo, mas está morto?" (v. 1) Para encurtar as coisas, a fé da Igreja de Sardes era uma "fé morta, sem obras."

Quando Adão pecou, seu espírito e o de todos os seus descendentes morreram. Contudo, aqueles que aceitaram o Senhor como seu Salvador, e receberam o Espírito Santo, tiveram seu espírito revivificado. Uma vez com o espírito revivificado, quando a pessoa enfrenta a morte física, a Bíblia não a chama de 'morte', mas de 'sono' (Mateus, 9:24). Isso é porque, quando o Senhor voltar, ela ressuscitará e desfrutará da vida eterna.

Entretanto, o Senhor disse que a Igreja de Sardes estava 'morta'; isso significa que seus membros não seriam salvos. Apesar de falar que tinham fé, sua fé estava morta e, com 'fé morta', a salvação não poderia ser-lhes dada.

Tiago, 2:14, diz: *"De que adianta, meus irmãos, alguém dizer que tem fé, se não tem obras? Acaso a fé pode salvá-lo?"* E no versículo 17 vemos: *"Assim também a fé, por si só, se não for acompanhada de obras, está morta."*

Eclesiastes, 12:14, diz: *"Pois Deus trará a julgamento tudo o que foi feito, inclusive tudo o que está escondido, seja bom, seja mau."* E 2 Coríntios, 5:10, diz: *"Pois todos nós devemos comparecer perante o tribunal de Cristo, para que cada um receba de acordo com as obras praticadas por meio do corpo, quer sejam boas, quer sejam más."*

Uma vez que aqueles que creem em Deus e no Senhor também creem que haverá julgamento de obras boas e obras más, eles vivem segundo a palavra de Deus. Aqueles, todavia, que não creem, não vivem assim. Devemos, pois, saber que há uma grande diferença entre conhecer Deus e crer em Deus.

## A Diferença Entre Conhecer e Crer

Tiago, 2:19, diz: *"Você crê que existe um só Deus? Muito bem! Até mesmo os demônios crêem e tremem!"* Até os demônios creem e 'tremer' quer dizer que os demônios sabem quem é Deus e quem é Jesus Cristo, tremendo diante de tal autoridade.

Também podemos encontrar várias partes na Bíblia em que

demônios reconheceram Jesus e clamaram. Em Lucas, 8:27-28, quando um homem que estava possuído por demônios foi ao encontro de Jesus, ele gritou e prostrou-se aos Seus pés, dizendo em alta voz: "Que queres comigo, Jesus, Filho do Deus Altíssimo?"

Agora, será que podemos falar que demônios também creem em Jesus só porque reconhecem o Filho de Deus e o têm como o Salvador? De forma alguma! Apesar de reconhecerem Jesus, eles não vão nem viver pela Sua palavra, nem viver em bondade. Isso não é crer Nele, mas simplesmente conhecê-Lo, e 'conhecer' aqui não traz salvação.

Sendo assim, não importa o tanto que conhecemos a Bíblia. Se não vivermos segundo a palavra que conhecemos, não podemos dizer que 'cremos' verdadeiramente. A verdadeira fé é acompanhada por obras. Se conhecemos a palavra, mas não temos obras, o nosso pecado será maior do que o daqueles que não vivem pela palavra, porque não a conhecem (Lucas, 12:47-48).

No entanto, hoje, o número daqueles que não colocam a palavra de Deus em prática só aumenta. Alguns crentes parecem levar uma vida de fé por fora, quando, na verdade, suas vidas não têm nada diferente da vida de pessoas do mundo.

Por exemplo, eles vão à igreja e louvam a Deus no domingo. Mas em sua vida real, eles ficam bravos com os outros e os chamam com palavrões. Fazem tudo como bem entendem, e agem exatamente como pessoas mundanas. Como Tiago, 2:20, diz: *"Insensato! Quer certificar-se de que a fé sem obras é inútil?"* Agindo assim, sua fé se torna inútil.

Embora eu esteja enfatizando as obras de fé, não estou dizendo que só as obras são o padrão para a medida dela. Nas 'obras de fé', obra significa a obra do fundo do coração. Se alguém tem uma fé verdadeira, então certamente cultiva o seu coração com a palavra de Deus. A obra deve ter origem em um coração assim, cultivado pela verdade.

## Verdadeiras Obras de Fé

Desta forma, não é a obra em si que é importante. O que é importante é o coração contido na obra. Se o coração for cultivado de forma a se tornar espiritual, a obra acompanhará naturalmente. Aqueles que têm uma fé morta, sem obras, nem mesmo tentam ser espirituais. Logo, eles não colocam a palavra em prática; e, mesmo se o fazem, sua obra é apenas exterior, hipócrita.

Essas pessoas conseguem fazer obras que os outros veem. Pretensiosamente, as pessoas fazem as coisas por aparência ou de acordo com algo que é apenas conhecimento. O Senhor diz em Mateus, 6:1: *"Tenham o cuidado de não praticar suas 'obras de justiça' diante dos outros para serem vistos por eles. Se fizerem isso, vocês não terão nenhuma recompensa do Pai celestial."* Essas são as obras que pessoas fazem para ser notadas por outros.

Isaías, 29:13, também diz: *"O Senhor diz: Esse povo se aproxima de mim com a boca e me honra com os lábios, mas o seu coração está longe de mim. A adoração que me prestam é feita só de regras ensinadas por homens."* Pessoas assim podem dizer que amam a Deus com seus lábios e cantam louvores. Mas sem amor e respeito, tudo isso é inútil.

Por exemplo, se verdadeiramente amamos nossos pais, algumas obras de respeito virão do nosso coração. Ainda que não sejamos muito ricos, fazemos de tudo para servi-los com nossas verdadeiras obras.

Em contraste, há filhos que são ricos, mas mostram obras de respeito relutantemente, porque têm de mostrar. Eles as fazem com um senso de dever, sem motivo ou propósito; às vezes, até com interesse pela herança de seus pais. Esses não podem ser verdadeiros atos de respeito. Se os pais souberem das verdadeiras intenções desses filhos, decepcionar-se-ão.

Mas, então, e Deus, que pode vasculhar a profundeza do coração de todas as pessoas? Deus sempre examina o coração do homem, juntamente com suas obras. Portanto, quando dizemos que amamos a Deus e que temos fé, devemos demonstrar nosso amor e fé com obras que contenham nossos corações.

## As Obras Incompletas da Igreja de Sardes

Depois que o Senhor fez essa repreensão, Ele disse: "Esteja atento! Fortaleça o que resta e que estava para morrer" (v. 2). Isso quer dizer que eles tinham de se dar conta de que sua fé morta não os podia salvar e que precisavam viver na verdade daquele ponto em diante.

Então, Ele continuou: "pois não achei suas obras perfeitas aos olhos do meu Deus" (v. 2 ). Isso significa que eles tinham ido para o mundo e viviam como pessoas mundanas. Em outras palavras, eles precisavam recuperar obras perfeitas e completas.

E a resposta do que fazer para recuperá-las também é dada. Ele diz: "Lembre-se, portanto, do que você recebeu e ouviu; obedeça e arrependa-se." Filipenses, 4:9, diz: *"Ponham em prática tudo o que vocês aprenderam, receberam, ouviram e viram em mim. E o Deus da paz estará com vocês."* Como dito, se colocarmos em prática aquilo que ouvimos, aprendemos e vemos, o Deus da paz estará sempre conosco; mas, se não é assim que temos agido, como o Senhor diz, "obedeça e arrependa", devemos nos arrepender, mudar de atitude e viver segundo a palavra a partir de agora.

'Arrepender-se' não é simplesmente dizer: "Perdão. Não farei isso de novo" da boca para fora. Devemos mudar completamente de atitude e caminhar no caminho certo. Se verdadeiramente nos arrependemos, obedecemos à palavra à risca.

Ao nos arrependermos, devemos lembrar da primeira vez que nos encontramos com Deus. Devemos lembrar como passamos a crer em Jesus Cristo e como éramos fervorosos, quando recebemos o Espírito Santo. Precisamos nos lembrar de como éramos no estágio do primeiro amor. Pela imensa graça que recebemos, éramos cheios dele. Será que o valorizamos e conservamos?

Muitos não conservam seu primeiro coração e obras, mas voltam para o mundo. Apesar de dizerem crer, suas vidas não se diferenciam em nada da vida do resto do mundo. Precisamos nos arrepender de todas essas coisas, recuperar a plenitude e fervor de antes, e viver segundo a palavra de Deus.

## As Consequências para Aqueles que Não se Arrependem

O Senhor diz: "Mas se você não estiver atento, virei como um ladrão e você não saberá a que hora virei contra você" (v. 3). Ele está falando sobre as consequências que aqueles que não se arrependerem enfrentarão.

Se vivenciarmos a volta do Senhor e não tivermos nos convertido dos pecados ainda, será tarde demais para fazê-lo. O ladrão entra em lugares onde não há medidas de segurança. Semelhantemente, para aqueles que não estão preparados para receber o Senhor, a Sua volta será como a vinda de um ladrão.

1 Tessalonicenses, 5:4-5, diz: *"Mas vocês, irmãos, não estão nas trevas, para que esse dia os surpreenda como ladrão. Vocês todos são filhos da luz, filhos do dia. Não somos da noite nem das trevas."* Vemos nessas linhas que o Senhor não virá como um ladrão para aqueles que vivem na luz e não nas trevas.

Obviamente, assim como o Senhor diz em Mateus, 24:36: *"Quanto ao dia e à hora, ninguém sabe, nem os anjos dos céus, nem o Filho, senão somente o Pai"*, só Deus Pai sabe o dia e a hora em que Jesus voltará.

Mas a Bíblia nos dá indícios sobre a volta do Senhor. É semelhante ao fato de ninguém saber da hora exata em que a grávida dará à luz seu filho, mas de poder dizer que será dentro de aproximadamente um mês.

O Senhor já nos contou sobre os sinais do fim dos tempos em Mateus, 24. Temos de estar acordados e em alerta para nos prepararmos para a Sua volta, com orações (1 Pedro, 4:7).

## A Palavra de Deus é o Padrão da Fé

1 Pedro, 1:23, diz: *"Vocês foram regenerados, não de uma semente perecível, mas imperecível, por meio da palavra de Deus, viva e permanente."*

Receber uma semente imperecível não é tudo. Só quando cuidamos da semente da palavra em nosso coração, a fim de colhermos abundantes frutos, é que nos tornamos verdadeiros regenerados e somos chamados 'vivos'. O simples fato de ouvir a palavra de Deus e a organizar como conhecimento não pode ser chamado de fé verdadeira. Quando nos apegamos à palavra que escutamos, oramos e a colocamos em prática, aí sim, ela brota e dá frutos a 30, 60 e 100 por um.

Às vezes, mesmo alguém com uma posição na igreja, ou alguém que pareça ter fé, pode ter uma fé morta. Por fora, Judas Iscariotes estava em uma posição digna de reconhecimento como discípulo do Senhor. No entanto, ele abandonou a graça que havia recebido e eventualmente morreu por causa de seu terrível pecado de vender Jesus.

O rei Saul também havia sido reconhecido por Deus e ungido como rei de Israel. Entretanto, tornou-se arrogante o suficiente para se levantar contra a vontade de Deus e também seguiu por um caminho de morte.

Logo, o padrão de fé não é o que se vê por fora ou na posição que se ocupa. O único padrão é a palavra de Deus. Se alguém ensina ou está fazendo algo que a viola, ainda que seja um líder na igreja ou até mesmo pastor, não devemos lhe dar ouvidos. O importante não é que a pessoa esteja em uma posição de ensinar, mas se ela está praticando a palavra de Deus.

Qualquer um, que obedece ao menor dos mandamentos e fala para os outros fazerem o mesmo, será chamado grande no reino dos céus e terá autoridade com palavras, para transformar muitas pessoas nesta terra.

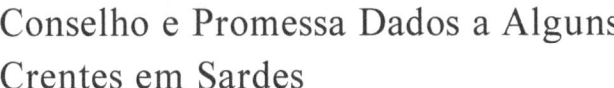

# Conselho e Promessa Dados a Alguns Crentes em Sardes

"No entanto, você tem aí em Sardes uns poucos que não contaminaram as suas vestes. Eles andarão comigo, vestidos de branco, pois são dignos. O vencedor será igualmente vestido de branco. Jamais apagarei o seu nome do livro da vida, mas o reconhecerei diante do meu Pai e dos seus anjos. Aquele que tem ouvidos ouça o que o Espírito diz às igrejas" (Apocalipse, 3:4-6).

A Igreja de Sardes dizia que cria em Deus, mas seus membros não viviam de acordo com a palavra. Então eles foram seriamente admoestados pelo Senhor, porque diziam estar vivos, mas estavam mortos. No entanto, Ele disse que havia uns poucos que não haviam contaminado suas vestes e que eram dignos.

Uma vez que o Senhor disse: "uns poucos", Sua palavra se aplicaria apenas a um número muito pequeno de membros da igreja de Sardes; assim, não se trata de um elogio para toda ela.

## Os Poucos que Não Contaminaram Suas Vestes

Aqui, 'veste' simboliza o coração do homem. Sendo assim, 'não contaminar as vestes' significa 'não deixar o coração se sujar'. Em outras palavras, essas pessoas viviam segundo a palavra com fé na verdade, de modo que os seus corações não se manchavam com pecados nem com maldade.

'Não contaminar as vestes' também significa limpar o coração, que antes de conhecer a verdade estava manchado, lutando contra o pecado, a ponto de derramar sangue; e não sujar de inverdades e pecados de novo o coração que já foi limpo. Assim, pessoas que não contaminam suas vestes são aquelas que tentam ficar despertas, oram e guardam a fé.

A Igreja de Sardes era como um cego guiando outro cego e os dois caindo no abismo. Entretanto, havia uns poucos que ouviam suas boas consciências e tentavam fazer aquilo que Deus queria. O Senhor diz a tais pessoas: "Eles andarão comigo, vestidos de branco, pois são dignos" (v. 4).

É claro, todavia, que dizer que eles eram dignos não significa que eles haviam alcançado a completa santificação. Ao considerar a fé da Igreja de Sardes como um todo, identificaram-se uns poucos que oravam e tentavam manter a verdadeira fé; e isso é digno aos olhos do Senhor.

A maioria dos membros de Sardes tinha uma fé morta, mas havia uns poucos que guardaram sua fé e viviam pela palavra, sendo reconhecidos como dignos pelo Senhor. Assim, podemos ver que sua fé era boa. Não era fácil manter a fé na cidade de Sardes, especialmente em uma congregação que era amiga do mundo e estava manchada com pecados. Esses poucos, apesar da dificuldade, mantiveram sua fé, e isso foi verdadeiramente uma grande bênção.

Como exemplo, algumas pessoas são perseguidas pelos membros de sua família, por serem cristãs. Em certos momentos, elas podem achar que a vida é difícil, mas, com as perseguições, elas se despertam e oram mais. Além disso, também aprendem a ser persistentes e, enquanto oram fervorosamente por sua família, seu amor espiritual por ela cresce. Uma vez com amor espiritual, elas dão graças em qualquer circunstância e consideram os membros de sua família como preciosas almas confiadas a elas por Deus.

Ao mesmo tempo, uma vez que se trata de perseguição por amor ao nome do Senhor, a recompensa dessas pessoas perseguidas será armazenada no céu. Além disso, sua fé criará uma raiz ainda mais forte por elas ficarem firmes na fé, em situações tão difíceis. Deus refina cada um de uma maneira, de acordo com a terra do seu coração. Com o refinamento, Deus nos faz preencher aquilo que está vazio e fazer a nossa alma próspera.

Sendo assim, a fim de manter sua fé, uns poucos membros da Igreja de Sardes, que não mancharam suas vestes, devem ter orado muito mais fervorosamente do que os outros. Como resultado, eles foram reconhecidos como dignos pelo Senhor.

## Poucos Crentes Andam com o Senhor Vestidos de Branco

Os poucos da Igreja de Sardes, que foram tidos como 'dignos' pelo Senhor, puderam receber a bênção de poderem "andar com o Senhor ,vestidos de branco."

Mas aqui, devemos estar cientes de que 'estar com o Senhor' e 'andar com o Senhor' são duas coisas diferentes. Independente do lugar onde habitaremos no céu, será possível para nós estarmos com o Senhor, já que Ele pode ir aonde quer. Até no Paraíso, Ele virá até nós e passará algum tempo conosco. Mas, uma vez que aqueles que estão no Paraíso receberam a salvação vergonhosa, eles sentem vergonha de se encontrar com o Senhor face a face ou andar com Ele.

Porém, andar com o Senhor significa mais do que andar com

Ele. Só aqueles do 3º reino dos céus, e mais especificamente, aqueles da Nova Jerusalém, podem andar com o Senhor verdadeiramente.

Andar com o Senhor significa estar com Ele em qualquer lugar, a qualquer hora e, para fazê-lo, devemos ter as devidas qualificações. O Senhor certamente está com os filhos de Deus, que vivem na verdade, mas Ele andará com aqueles que amam a Deus acima de tudo, se despojam de toda forma de maldade e se santificam completamente. Quando o Senhor está andando com alguém, a Sua garantia, autoridade e poder são demonstrados como prova de Sua presença.

## O Significado da Veste Branca

O Senhor deu conselho e promessa a uns poucos crentes da Igreja de Sardes, dizendo: "O vencedor será igualmente vestido de branco" (v. 5).

Aqui, 'vencer' se refere a 'manter a fé e continuar vivendo na verdade'. As 'vestes brancas' se referem às vestes que todas as almas salvas vestirão; são um símbolo de salvação. Até aqueles, que não forem arrebatados na volta do Senhor, sofrerem nos Sete Anos da Grande Tribulação e receberem a salvação, receberão vestes brancas depois.

Mas 'veste branca' aqui não é meramente um símbolo de salvação, mas é a veste branca, que é dada segundo o nível de santificação alcançado por cada um. Quanto maior o nível de santificação, mais brancas e reluzentes são suas vestes. Portanto, no reino dos céus, só de olhar as vestes de alguém poderemos saber o grau de santidade que o seu coração alcançou na terra.

Também através dos ornamentos, saberemos quantas recompensas a pessoa acumulou no céu, enquanto vivia na terra. Isso é porque Deus, que recompensa segundo as obras das pessoas, dá lindos ornamentos de acordo com suas obras na terra.

### A Bênção de Não Ter o Nome Apagado do Livro da Vida

O Senhor disse que, além de dar vestes brancas, os nomes daqueles que vencerem não serão apagados do livro da vida: "Jamais apagarei o seu nome do livro da vida" (v. 5).

Ainda que o homem pareça estar respirando, não quer dizer que esteja vivo. O homem só pode ter uma vida verdadeira, quando o seu espírito, que está morto por causa do pecado de Adão, é revivificado. O espírito daqueles que não aceitam o Senhor e vivem na escuridão está morto, assim, quando morrerem fisicamente, irão para o inferno, que é a morte eterna.

Mas, quando aceitam o Senhor Jesus Cristo e recebem o Espírito Santo, seu espírito passa a viver e eles ganham a vida eterna e seus nomes são escritos no livro da vida no céu. É por isso que Apocalipse, 20:15, diz: *"Aqueles, cujos nomes não foram encontrados no livro da vida, foram lançados no lago de fogo."* Só aqueles que têm o nome escrito no livro da vida podem ser salvos.

Todavia, o fato de o nosso nome estar atualmente escrito no livro da vida não garante a nossa salvação. Só seremos salvos, se o nosso nome estiver escrito no livro, quando Deus, o Juiz, o abrir no dia do Julgamento do Grande Trono Branco. Ele diz: "Jamais apagarei o seu nome do livro da vida". Se fizermos o raciocínio inverso, vemos que o nome escrito no livro da vida pode ser apagado.

Muitos crentes hoje acham que uma vez escrito no livro da vida, seu nome estará permanente ali e eles poderão ir para o céu, mesmo vivendo como bem quiserem. Mas as coisas definitivamente não são assim. A partir do momento em que o nosso nome é escrito no livro da vida, entramos no caminho da salvação; mas se sairmos do caminho para o céu e a vida eterna, o Espírito Santo pode ser apagado (1 Tessalonicenses, 5:19) e o nosso nome será apagado do livro da vida (Êxodo, 32:33).

1 Coríntios, 15:2, também diz: *"Por meio deste evangelho vocês são salvos, desde que se apeguem firmemente à palavra que lhes preguei; caso contrário, vocês têm crido em vão."* 'Crer em vão' significa 'fé carnal'. É a fé morta, sem obras da verdade. Ainda que tenhamos ido à igreja por muito tempo e conheçamos a Bíblia profundamente, se não vivermos pela palavra de Deus, mas tivermos vidas como a de pessoas

mundanas, então a nossa fé é 'morta.'

A Bíblia também menciona que se cometermos obras da carne que são evidentes, como imoralidade, impureza, sensualidade e idolatria, não poderemos herdar o reino dos céus (Gálatas, 5:19-21).

A Bíblia também fala de "pecados levando-nos à morte."
Esses são os pecados de 'blasfêmia contra o Espírito Santo', 'falar contra o Espírito Santo' (Mateus, 12:31-32), 'caindo mesmo depois de participar do Espírito Santo e crucificar o Senhor de novo, sujeitando-O à vergonha pública (Hebreus, 10:26), e 'pecar deliberadamente depois de recebermos o conhecimento da verdade (Hebreus, 10:26).

A Bíblia nos mostra como receber a salvação, mas, ao mesmo tempo, ela também nos mostra detalhadamente como podemos cair e morrer. A salvação não é decidida em um único ponto na vida de alguém. Temos de entender que ela é um processo 'em andamento', até a volta do Senhor.

Mesmo se estivermos dentro dos limites da salvação, podemos, por vontade própria, ir para fora deles; e o inverso também pode acontecer.

# A Bênção de os Nossos Nomes Serem Confessados Diante de Deus e dos Seus Anjos

Uns poucos membros da Igreja de Sardes receberam a promessa do Senhor, que disse: "mas o reconhecerei diante do meu Pai e dos seus anjos" (v. 5). No dia do Julgamento do Grande Trono Branco, teremos de ser reconhecidos pelo Senhor diante do Juiz. O Senhor dirá: "Esse é filho de Deus."

E os anjos também terão de concordar com o reconhecimento que o Senhor fará de nós. Existem anjos que examinam as nossas obras, nosso coração e até nossa mente. Reportam e registram tudo o que veem (Mateus, 18:10). Eles também levam as nossas orações ao altar de ouro (Apocalipse, 8:3-4).

Obviamente, existem anjos enviados por Deus para proteger Seus filhos; mas também existem anjos que examinam cada pessoa. Os relatórios feitos por esses anjos serão usados como provas e evidências no Julgamento do Grande Trono Branco.

Os anjos em si não poderão vir como testemunhas e nos reconhecer no Dia do Julgamento. No entanto, através dos precisos relatórios feitos por eles, verão que vivemos corretamente como filhos de Deus. Como anjos nos assistem de perto, aquilo que escrevem terá muito peso.

## O Senhor Quer que a Igreja de Sardes se Transforme

O Senhor conclui Sua palavra dizendo: "Aquele que tem ouvidos ouça o que o Espírito diz às igrejas" (v. 6). Ele está fazendo um apelo à Igreja de Sardes mais uma vez, com um coração sincero e desejando muito que ela suporte o que ouviu e mude de atitude.

A Igreja de Sardes era a igreja da fé morta. Se seus membros não tivessem se arrependido e convertido, eles não teriam nada a ver com salvação, mas uma vez que ouviram e aprenderam a verdade, eles tinham, pelo menos, fé como conhecimento. Agora era hora de eles transformarem sua fé como conhecimento, em fé viva, acompanhada por obras.

Além do mais, mesmo se eles tivessem fé para receber a salvação, eles tinham de se apegar firme a ela e vencer até a volta do Senhor. Só então eles poderiam ser vestidos com vestes brancas, símbolo de salvação, e receberiam glória e recompensas, segundo suas obras na terra.

Todavia, muitas igrejas de hoje não se dão conta desse fato; elas não acordam de seu sono espiritual e sua fé é morta. O que é pior, elas não têm um pastor para ensinar a verdade a seus membros. São como um cego guiando outro cego.

Deus quer que aqueles que têm ouvidos ouçam a Sua palavra e alcancem a salvação. Ele também quer, que aqueles que de fato amam ao Pai, busquem o Filho e anseiem pela verdade. Ele quer que eles sejam bem guiados, para que possam morar em um melhor lugar no céu.

Portanto, devemos entender como é uma bênção ter uma fé verdadeira, ser uma noiva perfeita do Senhor, sem mancha, para que sejamos capazes de andar sempre com Ele no céu.

# Capítulo 6

# Igreja de Filadélfia
## - Louvada por Agir com Fé

A Igreja de Filadélfia foi a única igreja dentre as sete, que recebeu apenas louvor. Apesar de terem pouca força, eles não se mancharam com o mundo e guardaram a fé. Por isso, eles receberam a chave de Davi, que abre a porta das bênçãos. Eles receberam provas do amor de Deus e a bênção da promessa que eles se tornariam um pilar da Nova Jerusalém.

A palavra dada à Igreja de Filadélfia é para as igrejas e membros de igrejas que se esforçam para guardar a palavra de Deus, apesar de sua fé ser pequena, manifestando sinais, maravilhas e obras poderosas.

"Ao anjo da igreja em Filadélfia escreva: Estas são as palavras daquele que é santo e verdadeiro, que tem a chave de Davi. O que ele abre ninguém pode fechar, e o que ele fecha ninguém pode abrir.

Conheço as suas obras. Eis que coloquei diante de você uma porta aberta que ninguém pode fechar. Sei que você tem pouca força, mas guardou a minha palavra e não negou o meu nome. Veja o que farei com aqueles que são sinagoga de Satanás e que se dizem judeus e não o são, mas são mentirosos. Farei que se prostrem aos seus pés e reconheçam que eu os amei. Visto que você guardou a minha palavra de exortação à perseverança, eu também o guardarei da hora da provação que está para vir sobre todo o mundo, para pôr à prova os que habitam na terra.

Venho em breve! Retenha o que você tem, para que ninguém tome a sua coroa. Farei do vencedor uma coluna no santuário do meu Deus, e dali ele jamais sairá. Escreverei nele o nome do meu Deus e o nome da cidade do meu Deus, a nova Jerusalém, que desce dos céus da parte de Deus; e também escreverei nele o meu novo nome. Aquele que tem ouvidos ouça o que o Espírito diz às igrejas."

# A Carta do Senhor à Igreja de Filadélfia

"Ao anjo da igreja em Filadélfia escreva: "Estas são as palavras daquele que é santo e verdadeiro, que tem a chave de Davi. O que ele abre ninguém pode fechar e o que ele fecha ninguém pode abrir" (Apocalipse, 3:7).

Quando os apóstolos estavam trabalhando em Filadélfia, ela era uma pequena cidade com aproximadamente 1.000 pessoas. Terremotos aconteciam com frequência no local, então a maioria de sua população era de agricultores. Eles curtiam o vinho e gostavam de dançar, adorando a Dionísio, o deus grego mitológico do vinho. A Filadélfia também era uma entrada que conectava Sardes, Pérgamo, Tróia e Roma.

A Igreja de Filadélfia foi a única dentre as sete que só foi elogiada pelo Senhor, sendo um bom exemplo para muitas igrejas de hoje.

## O Senhor é Santo e Verdadeiro

O Senhor, que está falando à Igreja de Filadélfia, é 'santo e verdadeiro'. Aqui, 'santo' quer dizer que Ele está acima de todos os homens, sem a mancha do pecado. Ele só dá glória a Deus e vive somente segundo a Sua palavra, sem nenhuma ruga ou mancha.

Originalmente, o termo 'santo' não podia ser usado com nenhum ser humano. Só Deus é santo e verdadeiro. Contudo, se o homem recuperar a imagem de Deus, que se perdera por causa do pecado, e vier a refletir a santidade Dele, então o termo 'santo' também poderá ser usado com ele. A base disso está em 1 Pedro, 1:16.

Em João, 10:34-36, vemos: *"Não está escrito na Lei de vocês: 'Eu disse: Vocês são deuses'? Se ele chamou 'deuses' àqueles a quem veio a palavra de Deus (e a Escritura não pode ser anulada), que dizer a respeito daquele a quem o Pai santificou e enviou ao mundo? Então, por que vocês me acusam de blasfêmia porque eu disse: Sou Filho de Deus?"*

Aqui, 'àqueles a quem veio a palavra de Deus' se refere àqueles que guardam a palavra da verdade e vivem de acordo com ela. Deus considera esses como deuses.

Isso, todavia, não quer dizer que eles estão no mesmo nível de Deus; mas significa que Deus os considera como completos filhos Dele, pessoas espirituais e (cheias) de verdade.

É por isso que nosso Senhor Jesus diz em Mateus, 5:48: *"Portanto, sejam perfeitos como perfeito é o Pai celestial de vocês."* Ele também diz em João, 17:17-19: *"Santifica-os na verdade; a tua palavra é a verdade. Assim como me enviaste ao mundo, eu os enviei ao mundo. Em favor deles eu me santifico, para que também eles sejam santificados pela verdade."* Como dito, é da vontade de Deus, que sejamos santos como Ele é santo.

Depois, "verdadeiro" significa "sem falsidade ou inverdade." Não mudar, não inclinar para a direita ou esquerda, não mentir, não enganar, não quebrar promessas, não trapacear, ser para sempre imutável; todas essas são características de quem é 'verdadeiro.' "Ser verdadeiro" é muito importante. Só quando somos verdadeiros é que podemos receber fé; a palavra de Deus pode ser viva e ativa em nós, e nós experimentamos o Seu poder. Isso é porque a palavra de Deus em si é a verdade.

Por outro lado, quando não somos verdadeiros, podemos ter dúvidas, ser tentados pela inverdade e não entendemos o coração verdadeiro (1 Coríntios, 2:13). Agora, o que significa dizer que o Senhor tem a chave de Davi?

## O Senhor Tem A Chave de Davi

Davi foi o segundo rei de Israel. Desde moço já temia e amava a Deus e, em seu reinado, Israel era o país mais próspero da época, crescendo em território, desfrutando de muita riqueza e até recebendo tributos de seus países vizinhos. Davi era muito amado e favorecido por Deus e pelo povo de Israel.

Para abrirmos a porta de um depósito cheio de tesouros, precisamos de uma chave. Só aqueles que a têm podem abrir sua porta e desfrutar das riquezas que estão ali. Deus deu a chave da porta das bênçãos a Davi, para que ele pudesse desfrutar de todos os tipos de bênçãos. Isso foi possível porque Davi era um homem, segundo o coração de Deus.

Entretanto, Davi precisou passar por severas provações, antes de se tornar qualificado para receber a chave. Para esconder o fato de ter dormido com a esposa de seu subordinado, Urias, e ela ter engravidado, Davi fez com que ele fosse morto. E assim começaram as provações. Ele havia cometido um pecado grave, mas nem por isso ele era uma pessoa terrível.

Na verdade, Davi amava a Deus mais do que qualquer outra pessoa, mas por ter uma profunda raiz de maldade em sua natureza, ele veio a cometer um grande pecado.

Como Deus sabia que tinha um traço de maldade na natureza de Davi, Ele permitiu que ele passasse por provações, para que pudesse encontrar seu verdadeiro eu e fosse perfeitamente santificado.

Assim, mesmo nessas severas provações, Davi colocou tudo nas mãos de Deus. Por causa da rebelião de seu filho Absalão, ele teve de fugir apressadamente. Então, Shimei, um homem ordinário, amaldiçoou o rei dizendo: *"Saia daqui, saia daqui! Assassino! Bandido!"* Mas, ainda assim, Davi não o puniu, mas se humilhou, para que pudesse receber a compaixão de Deus. Atitude esta bem diferente de suas atitudes de antes, que havia causado a morte de Urias.

Através de provações, Davi pôde se transformar ainda mais em um homem segundo o coração de Deus. Depois que Deus o refinou como um vaso adequado para receber bênçãos, Ele lhe deu a chave para abrir a porta das grandes bênçãos. Acima de tudo, ele recebeu uma bênção inimaginável, que foi ter Jesus, aquele que abriria o caminho da salvação, em sua genealogia.

Essa chave de Davi não é dada a apenas algumas poucas pessoas escolhidas. Ela é dada sem discriminação a quem ama a Deus, reflete o coração do Senhor e se torna santo e verdadeiro. Quando nos qualificamos ao satisfazer as devidas condições, a porta das bênçãos de saúde e outras, como riqueza, honra e autoridade, se abre. Finalmente, a chave para a porta da maior das bênçãos nos é também dada: a da porta da Nova Jerusalém.

Sobre o Senhor, que tem a chave para todas as bênçãos, lemos: "O que ele abre ninguém pode fechar e o que ele fecha ninguém pode abrir."

É que a porta da salvação só pode ser aberta em nome do Senhor Jesus Cristo e, uma vez aberta, ninguém pode fechá-la, como lemos em Atos, 4:12: *"Não há salvação em nenhum outro, pois, debaixo do céu não há nenhum outro nome dado aos homens pelo qual devamos ser salvos."*

Nem mesmo o Diabo ou Satanás podem fechá-la! O Senhor abre e fecha tudo de acordo com a vontade de Deus, e realiza precisamente todas as coisas dentro da providência Dele, sem cometer nenhum erro.

## A Igreja de Filadélfia de Hoje

A mensagem dada à Igreja de Filadélfia contém características de uma igreja que o próprio Deus escolheu e supervisionou. É uma igreja que Ele reconhece e guia. A igreja de hoje, que é louvada pelo Senhor como a Igreja de Filadélfia, tem pouca força, mas não cede ao mundo. Seus membros guardam a palavra de Deus e, independente das perseguições ou provações, eles ficam firmes até o fim, vencendo tudo com amor e fé.

Esse tipo de igreja receberá as mesmas bênçãos que foram dadas à Igreja de Filadélfia, isto é, seus membros receberão a evidência do amor de Deus por eles e operarão incríveis obras do Seu poder.

Deus abrirá várias portas de bênçãos, inclusive a porta da autoridade espiritual para exercer domínio sobre o inimigo. Ele abrirá a porta do Seu poder, para que grandes maravilhas, sinais e obras extraordinárias sejam operadas. Através dessas portas, eles poderão levar muitas almas ao caminho da salvação.

Além disso, quando as portas das bênçãos para uma igreja estão sendo abertas, à medida que seus membros vão se qualificando, eles vão ficando mais próximos de receber a chave para a Nova Jerusalém.

Desde a abertura da nossa igreja, temos tomado a Igreja de Filadélfia como modelo e tentado fazer o melhor de nós, para sermos uma linda igreja que seja elogiada pelo Senhor. Temos suportado muitos tipos de perseguições e provações, a fim de guardar a palavra de Deus e não ceder ao mundo.

Como resultado, Deus permitiu que o poder da criação e grandes coisas inimagináveis acontecessem. Não é que as obras de poder, que acontecem hoje, tenham acontecido desde o início. À medida que fomos dando passos na fornalha da fé, para sermos refinados, Deus foi nos conduzindo a níveis mais altos.

Mesmo que Deus dê a chave para as bênçãos, cabe aos membros e igrejas abrir a porta de desfrutar de tudo que estiver no depósito.

Ageu, 2:9, diz: *"A glória deste novo templo será maior do que a do antigo", diz o Senhor dos Exércitos."* Como dito, ainda que tenhamos pouca força, devemos fazer o melhor dentro das nossas posições, para que possamos realizar coisas maiores do que antes e glorificar a Deus.

# Elogio do Senhor à Igreja de Filadélfia

"Conheço as suas obras. Eis que coloquei diante de você uma porta aberta que ninguém pode fechar. Sei que você tem pouca força, mas guardou a minha palavra e não negou o meu nome. Veja o que farei com aqueles que são sinagoga de Satanás e que se dizem judeus e não são, mas são mentirosos. Farei que se prostrem aos seus pés e reconheçam que eu o amei. Visto que você guardou a minha palavra de exortação à perseverança, eu também o guardarei da hora da provação que está para vir sobre todo o mundo, para pôr à prova os que habitam na terra" (Apocalipse, 3:8-10).

Quando as pessoas conquistam grandes coisas em diferentes aéreas para contribuir com o desenvolvimento da civilização humana, ou quando fazem obras virtuosas de amor, seus nomes são lembrados e louvados por gerações.

Quando podemos ser amados e reconhecidos pelos nossos próximos dessa forma, isso é motivo de muita alegria. E se podemos ser louvados pelo Senhor como a Igreja de Filadélfia, é algo eterno e verdadeiro. Esse valor e felicidade não se comparam a mais nada.

## O Senhor Colocou uma Porta Aberta Diante Deles

Antes de elogiar a Igreja de Filadélfia, o Senhor prometeu-lhe que a abençoaria.

Ele disse: "Eis que coloquei diante de você uma porta aberta que ninguém pode fechar" (v. 8). Quando o Senhor abre uma porta de bênção, nem homem, nem anjo, nem o Diabo ou Satanás podem fechá-la. O Senhor obedeceu até a morte, seguindo a vontade de Deus. Ele venceu a autoridade da morte e, com a Sua vitória, Deus O fez Rei dos reis e Senhor dos senhores.

João, 14:13, diz: *"E eu farei o que vocês pedirem em meu nome, para que o Pai seja glorificado no Filho."* Como lemos, Deus prometeu que nos daria qualquer coisa que pedíssemos em nome de Jesus Cristo.

Pedro, discípulo de Jesus, confessou diante Dele: *"Tu és o Cristo, o Filho do Deus vivo"* (Mateus, 16:16). Então, Jesus disse a Pedro: *"E eu lhe digo que você é Pedro, e sobre esta pedra edificarei a minha igreja, e as portas do Hades não poderão vencê-la. Eu lhe darei as chaves do Reino dos céus; o que você ligar na terra terá sido ligado nos céus, e o que você desligar na terra terá sido desligado nos céus"* (v. 18-19).

Há grande autoridade contida em Suas palavras, dizendo: "Eis que coloquei diante de você uma porta aberta que ninguém pode fechar." É a autoridade dada a Pedro em que o que ele ligasse na terra seria ligado no céu e o que ele desligasse na terra, seria desligado no céu.

Mas essa palavra de bênção não é apenas para a Igreja de Filadélfia, mas para qualquer um ou qualquer igreja que for reconhecida pelo Senhor. Uma vez que as pessoas e a igreja, que o próprio Deus escolhe e guia, estão dentro de Sua providência, quando uma porta é aberta pelo Senhor, ninguém pode fechá-la, independente da situação.

Não importa quanto o inimigo tente atrapalhar as coisas. Se Deus decidiu e ordenou que algo acontecesse, então certamente acontecerá, para que Deus seja glorificado.

O Senhor é o mesmo ontem, hoje e eternamente. Ele estará conosco até a Sua volta e garantirá as igrejas e membros que Deus estabeleceu.

## A Igreja de Filadélfia Guardou a Palavra de Deus Tendo Pouca Força

A razão pela qual a Igreja de Filadélfia pôde receber todas essas bênçãos foi porque eles guardaram a palavra de Deus, tendo pouca força, e não negaram o nome do Senhor. Uma vez que o Senhor os elogiou como sendo a igreja que estava indo muito bem, por que Ele disse que eles tinham pouca força?

Aí há dois significados. Primeiro, 'pouca força' se refere a um estado em que temos fé do tamanho de um grão de mostarda, ao aceitarmos o Senhor. No entanto, esse pequeno grão cresce e se torna uma grande árvore, em que pássaros constroem seus ninhos e descansam. Semelhantemente, nossa fé cresce e se torna muito grande, à medida que progredimos em nossa vida cristã.

A partir do momento em que eles tinham pouca força, isto é, a partir de quando eles tinham uma pequena medida de fé, a Igreja de Filadélfia conseguiu guardar a palavra de Deus que aprendia e crescia na fé.

Realmente, não é fácil guardar a palavra de Deus com a pouca força que se tem no início de uma vida cristã. Às vezes, mesmo conhecendo a verdade, as pessoas não conseguem colocá-la em prática, porque sua força para vencer o mundo é pouca.

Por exemplo, ouvem a mensagem em que se diz que devem

se livrar do temperamento forte. Assim, tomam a decisão de que viverão de acordo com a palavra. Entretanto, diante de um incidente em que ficam irritados, acabam se irando; possuem pouca força. No entanto, mesmo com pouca força, se realmente colocarem a palavra em seus corações e orarem fervorosamente, conseguirão vencer situações assim com a ajuda do Espírito Santo.

A Igreja de Filadélfia tinha pouca força, mas orava fervorosamente e guardava a palavra, o que fazia com que sua fé crescesse rapidamente. Eles conseguiram se tornar uma igreja que recebeu palavra de louvor do Senhor.

Depois, guardar a palavra de Deus com pouca força significa que, apesar de eles terem muito poder, eles faziam a obra de Deus com humildade, como se só existisse o fato de eles terem pouca força. Examinemos isso com um exemplo de Jesus, nosso Senhor.

Jesus é originalmente um com Deus. Ele é o Seu único Filho e o Seu poder e autoridade são iguais ao poder e autoridade de Deus. Mas, esse mesmo Jesus se rebaixou, ao se fazer carne e vir ao mundo. Ele viveu da mesma maneira que os seres humanos viviam e sofreu a mesma fome, cansaço, frio e dores que seres humanos sofrem.

Ele cumpriu a tarefa de Salvador, não na condição majestosa e gloriosa de Filho de Deus, mas em forma de um homem ordinário com pouca força.

Apesar de ter um poder sobrenatural, Ele fez tudo de acordo com a justiça, como um mero homem de força mínima e limitada. Sendo assim, apesar de alguns de nós termos um bom coração e uma forte potência, Deus não nos dá, incondicionalmente, um grande poder desde o princípio.

Deus nos guia passo a passo de acordo com Sua justiça, para que a pouca força que temos possa amadurecer e se transformar em grande poder.

## Com Aquela Pequena Força, a Igreja de Filadélfia Não Negou o Nome do Senhor

A Igreja de Filadélfia foi elogiada por guardar a palavra do Senhor e não negar o Seu nome. Aqui, a expressão 'negar o Seu nome' não é simplesmente negar o nome do Senhor fisicamente e abandoná-Lo.

Se a pessoa conhece a vontade de Deus, mas não a segue, em um sentido mais amplo isso é negar o nome do Senhor. Existem pessoas que professam com seus lábios que têm fé, quando, na verdade, são balançados para a direita e para a esquerda, duvidam disso e daquilo e, eventualmente, voltam para o mundo sem nem mesmo tentar seguir a vontade de Deus.

Se a pessoa conhece, mas continua desobedecendo à vontade de Deus, porque as coisas parecem triviais, quando enfrenta provação ou tribulação, ela não consegue vencê-la. Ela murmura e reclama de Deus e pode até sair da igreja. Ela pode pensar: "Que coisa mais insignificante" e desobedece à verdade. No fim, pode até eventualmente viver uma situação em que trairá o Senhor.

A Igreja de Filadélfia começou com pouca força, que era uma pequena medida de fé. Enquanto a fé deles estava crescendo, suas obras foram suficientes para receber louvor do Senhor. Eles viviam apenas pela palavra, em toda situação. Não negaram a Deus mesmo diante de provações e tribulações, mas guardaram a fé, ficando cada vez mais firmes nessa rocha.

Para que guardemos a palavra do Senhor e não neguemos o Seu nome com 'pouca força', jamais podemos parar de orar.

Não podemos nos livrar da inverdade e vencer as trevas com nossas próprias forças. Uma vez que só podemos fazê-lo pela força e graça de Deus, precisamos receber graça e força através de orações.

Devemos também entender corretamente qual é a vontade do Senhor. Devemos saber o que são o pecado, a escuridão e o que significa 'carne'. Devemos nos livrar de tudo isso rapidamente, pois, caso contrário, podemos sair do caminho da justiça e seguir pelo caminho errado, por não conhecermos a vontade do Senhor.

Portanto, aqueles que realmente querem conhecer a vontade do Senhor, podem se alegrar e agradecer, quando são repreendidos e reprovados, pois conseguem entender a vontade

Dele e viver segundo ela.

## A Igreja de Filadélfia Recebeu Provas do Amor do Senhor

Como o Senhor diz: "Conheço suas obras", Ele sabia de tudo que tinham feito para guardar a Sua palavra. Apesar da força advinda de sua fé ser pequena, eles não negaram o Seu nome e Ele então deu-lhes provas do Seu amor.

Ele disse: *"Veja o que farei com aqueles que são sinagoga de Satanás e que se dizem judeus e não são, mas são mentirosos. Farei que se prostrem aos seus pés e reconheçam que eu o amei"* (Apocalipse, 3:9).

Como explicado anteriormente, "a sinagoga de Satanás" é um grupo de duas ou mais pessoas que falam contra a verdade e criam problemas dentro da igreja. E aqueles "que se dizem judeus e não o são" são os que dizem crer em Deus e ser filhos Dele, mas pertencem à sinagoga de Satanás. Eles estorvam o reino de Deus.

Essas pessoas se dizem filhas de Deus, mas não vivem pela verdade e fofocam, julgam e condenam os outros. Só trazem problemas e discussões para dentro da igreja.

Se algo não está de acordo com suas ideias e formas de pensar, elas condenam até pessoas que revelam a glória de Deus com sinais e maravilhas. Os 'que se dizem judeus e não o são', são aqueles que dizem ser crentes, quando, na verdade, perseguem igrejas e pastores que o próprio Deus escolheu, atrapalhando o reino de Deus.

A Bíblia diz que aquele que nega Jesus Cristo é mentiroso, é o anticristo (1 João, 2:22). Mas há quem mente, apesar de falar que crê.

1 João, 1:6, diz: *"Se afirmarmos que temos comunhão com ele, mas andamos nas trevas, mentimos e não praticamos a verdade."* Como dito, mentirosos são aqueles que dizem crer, mas, na verdade, não vivem segundo a palavra de Deus.

O Senhor diz: "Farei que se prostrem aos seus pés e reconheçam que eu o amei." Isso quer dizer que até essas pessoas eventualmente se darão conta de seus erros diante do poder de Deus, se arrependerão e virão até Ele. Com isso, Deus confirma o Seu amor pela igreja e Seus servos.

A Igreja em Filadélfia também sofria perseguições e dificuldades daqueles que se diziam judeus, mas não o eram. Mas Deus fez tais pessoas se arrependerem diante da igreja. Deus deu uma prova de que Ele amava a Igreja de Filadélfia. Contudo, nem todas se arrependeram e mudaram de atitude.

Elas já tinham cometido o pecado de blasfêmia contra o Espírito Santo, ao falar contra Ele. Assim, não era fácil se arrependerem, mudarem de atitude e serem perdoadas (Mateus,

12:31-32). Contudo, entre aqueles que se dizem judeus, há pessoas de bom coração. Quando ouvem a palavra da verdade e veem as obras do poder de Deus, se dão conta de seus pecados e se arrependem.

## Deus Mostra Seu Amor através de Provações

Às vezes, Deus permite que Seus amados filhos passem por perseguições ou provações, quando estão sendo refinados. No fim, tudo se transforma em bênçãos e provas disso são dadas. Aqueles, todavia, que perseguem e criam problemas, enfrentarão julgamento.

É por isso que se levantar contra uma pessoa ou igreja, a quem Deus ama e garante, é se levantar contra o próprio Deus. Assim, quando lemos a Bíblia, vemos que pessoas assim acabaram enfrentando alguma tragédia. Quando as pessoas dizem que amam a Deus, elas devem dar provas desse amor com obras. Da mesma forma, Deus não só diz aos Seus filhos: 'Eu te amo', mas Ele também dá evidências de Seu amor.

Na Bíblia, pode-se ver claramente que Deus estava com aqueles que eram amados por Ele. Deus é o mesmo ontem, hoje e eternamente, e mesmo hoje, Ele dá claramente evidências de Seu amor às igrejas e pastores a quem ama.

Primeiro, Deus opera inúmeras obras mostrando que Ele é

o Deus vivo. Além disso, com a inspiração do Espírito Santo, Ele interpreta os profundos segredos do mundo espiritual que homem nenhum pode entender. O inimigo pode tentar atrapalhar, mas Deus mostra que está protegendo o homem.

Além do mais, os obstáculos criados por aqueles que se dizem judeus e não o são se transformam em rochas sólidas que manifestam o poder de Deus.

O inimigo pode instigar pessoas más a trazer provações e perseguições contra as pessoas escolhidas de Deus, mas, com isso, elas podem receber poder ainda maior de Deus, de acordo com a lei da justiça. Quanto mais elas vencem tudo com bondade, amor e fé, maior é o poder que recebem de Deus. Eventualmente, um nível incrível do poder de Deus pode ser alcançado por essas pessoas escolhidas por Ele.

## A Igreja de Filadélfia Evitou a Hora da Provação

Os crentes da Igreja de Filadélfia guardaram a palavra de Deus e não negaram o nome do Senhor, mesmo tendo pouca força. Eles também guardaram a palavra de exortação à perseverança e foram guardados da hora da provação (Apocalipse, 3:10). Por que a expressão 'exortação à perseverança'?

Para guardarmos a palavra de Deus, às vezes é preciso termos perseverança. Principalmente quando nossa força é pequena, ou a nossa fé é frágil. Uma vez que nessa fase de fé pequena os atributos para seguirmos a inverdade são mais fortes que os atributos para seguirmos a bondade e a verdade em nosso coração, a fim de lutarmos contra o pecado e seguirmos a verdade, devemos ficar firmes com oração e jejum.

Mas, quando o coração da verdade cresce e fica mais forte que o da inverdade, seguir a verdade fica muito mais fácil. Não precisamos vencer ou sufocar os desejos da carne como antes. As obras da verdade seguem naturalmente depois de apenas um pouco de esforço.

Contudo, não devemos deixar o nosso coração descansar só porque o coração da verdade está mais forte que o da inverdade. Até que nos livremos de toda forma de mal, devemos lutar com perseverança e dominar qualquer coisa que possa vir sobre nós.

Quando tentamos ficar firmes com perseverança e fazer o melhor de nós para vivermos segundo a palavra de Deus, de acordo com a nossa fé, Deus considera o nosso esforço como obra de fé. Ele protege esses filhos e os abençoa, de modo que são guardados das provações.

Então, o que quer dizer: "eu também o guardarei da hora da provação"? Com certeza, Deus retribui às pessoas, segundo o que fizeram. Quanto mais Seus filhos viverem na palavra e na luz, mais Deus os protegerá da autoridade das trevas.

Por exemplo, ao guardar o Sábado e dar o dízimo, Deus pode protegê-los em áreas básicas. Ainda que se envolvam em algum acidente, causado por seus próprios erros, Deus os protegerá, de modo que eles não se machucarão. E se eles guardarem a palavra com perseverança e viverem na verdade? Obviamente Deus os protegerá em todas as áreas de suas vidas.

## Razões de Testes e Provações

Alguns cristãos parecem viver uma boa vida cristã, mas sofrem com várias provações ou tribulações. Então, existem certas pessoas que dizem coisas como: "Eles podem ter pecado diante de Deus", ou "Eles fazem as coisas só quando estão na frente dos outros." Começam a fofocar, medir, julgar e condenar.

Obviamente, quando os filhos de Deus guardam a Sua palavra e vivem na verdade, Ele os protege de provações e aflições. Mesmo quando enfrentam provações, Deus faz com que tudo coopere para o seu bem (Romanos, 8:28). Assim, se não somos protegidos por Deus e sofremos provações e aflições, devemos olhar para dentro de nós mesmos e checar se temos andado corretamente aos olhos de Deus.

Às vezes, no entanto, podemos enfrentar provações mesmo tendo uma vida cristã correta. Assim, nesse caso, é uma provação que Deus permite em nossas vidas para nos abençoar. Portanto, quando vemos uma pessoa passando por provações, não devemos julgá-la pelo exterior, achando que estamos discernindo as coisas com a verdade.

Por exemplo, quando José foi vendido como escravo a outro país e foi mandado para a prisão erroneamente, parecia que ele estava sofrendo provações, de um ponto de vista carnal. Contudo, tudo isso foi-lhe permitido dentro da providência de Deus, que havia planejado fazer dele um governador e estabelecer as fundações de Israel. Logo, essas provações resultaram não apenas em bênçãos pessoais, mas também glorificaram grandemente o nome de Deus.

É o mesmo quando cristãos fiéis são perseguidos e até martirizados. Não é que eles não eram protegidos por Deus; eles, na verdade, venceram provações.

Como escrito em Romanos, 8:18: *"Considero que os nossos sofrimentos atuais não podem ser comparados com a glória que em nós será revelada,"* pessoas assim podem receber uma glória que não poderá ser comparada aos sofrimentos passageiros deste mundo.

Essa 'hora da provação' indica os Sete Anos da Grande Tribulação. Portanto, como estamos vivendo no fim dos tempos, temos de ficar despertos e ter vidas sóbrias, para que não caiamos na hora da provação.

Em tempos finais, se simplesmente formos à igreja sem praticar a palavra de Deus e formos amigos do mundo, não seremos arrebatados. Quando nosso Senhor voltar, ficaremos e passaremos pelos Sete Anos da Grande Tribulação. Porém, se guardarmos a palavra com perseverança, não apenas escaparemos da hora da provação, mas também não participaremos dos Sete Anos da Festa de Casamento com o Senhor.

Quando o Senhor voltar, aqueles que estiverem dormindo no Senhor irão primeiro. Depois, os vivos que tiverem aceitado o Senhor, receberão o corpo ressurreto e serão arrebatados. Participarão dos Sete Anos de Banquete de Casamento nos ares. Durante esse período, o Espírito Santo será retirado da terra. O mundo entrará nos Sete Anos da Grande Tribulação. O poder das trevas terá controle completo sobre tudo e o anticristo aparecerá. Os seus seguidores tentarão achar quem estiver tentando manter a fé em Jesus Cristo e tentarão fazer com que eles neguem o Senhor sob extremas torturas.

A fim de evitar essa hora dos Sete Anos da Grande Tribulação, temos de estar acordados, orar e nos adornar como noivas do Senhor. Em outras palavras, temos de nos despojar de todas as formas de maldade, a fim de refletirmos o coração de Jesus Cristo.

# A Promessa do Senhor à Igreja de Filadélfia

Venho em breve! Retenha o que você tem, para que ninguém tome a sua coroa. Farei do vencedor uma coluna no santuário do meu Deus, e dali ele jamais sairá. Escreverei nele o nome do meu Deus e o nome da cidade do meu Deus, a nova Jerusalém, que desce dos céus da parte de Deus; e também escreverei nele o meu novo nome. Aquele que tem ouvidos ouça o que o Espírito diz às igrejas. (Apocalipse, 3:11-13).

A Igreja de Filadélfia guardou a palavra com perseverança, desde quando sua força era pouca e, assim, o Senhor abriu a porta das bênçãos para eles, a fim de dar-lhes provas de Seu amor. Depois Ele lhes disse que viria em breve e ensinou-lhes como deveriam se comportar (Apocalipse, 3:11).

Agora, a promessa do nosso Senhor: "Venho em breve" não se aplicou apenas há 2.000 anos, mas também hoje. Algumas pessoas podem dizer: "Ele disse que estava vindo em breve. Por que está demorando tanto?" Contudo, na verdade, Ele não está demorando. Sua palavra tem se cumprido continuamente a cada momento. A maioria das pessoas vive apenas 70 ou 80 anos e então se encontra com o Senhor, que disse: "Venho em breve."

Assim, não devemos pensar que a vinda do Senhor está demorando (2 Pedro, 3:9-10), mas nos preparar o suficiente para O recebermos a qualquer hora.

Então, quais são as palavras de conselho e bênçãos do Senhor para a Igreja de Filadélfia?

## O Senhor Quer que Retenhamos Aquilo que Temos

Primeiro, o Senhor disse à Igreja de Filadélfia: "Retenha o que você tem, para que ninguém tome a sua coroa" (v. 11). Nosso Senhor havia falado à Igreja de Tiatira: *"tão-somente apeguem-se com firmeza ao que vocês têm, até que eu venha"* (Apocalipse, 2:25). Isso quer dizer que eles precisavam manter a fé que tinham, para que não perdessem a chance de salvação.

Mas, quando o Senhor disse à Igreja de Filadélfia: "Retenha o que tem", não era a respeito da salvação.

Desde quando tinha pouca força de sua pequena fé, a Igreja de Filadélfia já guardava a palavra de Deus. Assim, aqui, o que isso quer dizer é que seus membros deveriam cumprir os deveres, que lhes haviam sido dados por Deus, da maneira certa, para que pudessem receber as coroas e recompensas que Ele prometeu dar-lhes no céu. Assim, nosso Senhor os aconselha a não perderem suas coroas, corrompendo-se em algum lugar no meio da trajetória.

É claro que, uma vez no céu, as coroas que receberemos jamais nos serão tiradas. Contudo, enquanto estivermos nessa terra, se desistirmos ou nos corrompermos no meio do caminho, não mais receberemos tais coroas.

Se realmente tivermos fé e esperança pelo céu, e quisermos as coroas prometidas, não devemos nem negligenciar os deveres que Deus nos deu, nem desistir deles. Além disso, não devemos ser arrogantes pensando: "Sem mim, tal coisa não pode ser feita". O candelabro pode ser tirado do lugar. Devemos manter uma atitude humilde com o nosso primeiro amor, nosso fervor inicial.

Deus nunca para de fazer Suas obras. Assim, se não cumprirmos nossos deveres, sejam quais forem as circunstâncias, Deus fará a Sua obra através de outra pessoa a quem Ele já preparou.

Deus não toma o nosso dever imediatamente, depois que o negligenciamos uma ou duas vezes. Certamente Ele nos dá repetidas chances para nos recuperarmos. Porém, se ficarmos na mesma, apesar de tantas chances, Ele nos substituirá por outra pessoa, a fim de realizar o Seu reino.

Nós temos nos despojado dos pecados diligentemente e marchado adiante com esperança pelo céu. Assim, não devemos nunca perder as recompensas que temos acumulado no céu, olhando para trás, para o mundo.

Suponhamos que temos sido fiéis em nossa vida cristã e podemos entrar em um bom lugar no céu. Contudo, se cometermos pecados que levam à morte, mesmo se nos arrependermos e nos convertermos deles, teremos de começar tudo de novo, a partir do Paraíso, que é o lugar mais baixo do céu.

Mas, se realmente nos convertermos e recebermos graça de Deus com o nosso esforço, poderemos recuperar o status anterior. Dependendo do nosso esforço, também podemos esperar boas moradias celestiais.

## A Bênção de Se Tornar Coluna no Santuário

Se a Igreja de Filadélfia retivesse aquilo que vinha fazendo e conseguisse vencer, o Senhor deu-lhes a promessa de que faria dela uma coluna no templo do Seu Deus (Apocalipse, 3:12).

'Templo do meu Deus' aqui indica o lugar onde fica o trono

de Deus, a Nova Jerusalém. Tornar-se uma coluna em Nova Jerusalém significa se tornar algo importante nela, o que é uma grande bênção.

Mas essa bênção não é dada simplesmente a qualquer um, mas apenas aos que vencerem. Os membros da Igreja de Filadélfia tinham uma fé pequena, mas guardaram a palavra de Deus e nunca negaram o nome do Senhor. Depois, à medida que sua fé crescia, eles puderam praticar as verdades, sem vacilar e alcançar a completa salvação. Eles conseguiram cumprir os deveres que Deus lhes havia dado fielmente.

Assim é a vida daquele que vence. Ele, cuja fé é tida como perfeita pelo Senhor, se tornará uma coluna em Nova Jerusalém. Porém, apesar de Deus nos ter feito promessas de bênçãos, se não as retivermos e não as guardarmos no nosso coração, elas não se cumprirão.

Quando cumprimos nossos deveres sem vacilar e superamos as coisas com perseverança até a palavra dada se fazer real, podemos receber as coroas prometidas e recompensas, além da bênção de sermos colunas na Nova Jerusalém.

Como Deus é imutável, Ele nunca nos tira essas bênçãos e, uma vez que elas não nos podem ser tiradas, pois o Senhor disse: "e dali ele jamais sairá."

Em seguida, o Senhor continuou dizendo: "Escreverei nele o nome do meu Deus e o nome da cidade do meu Deus, a Nova Jerusalém, que desce dos céus da parte de Deus; e também escreverei nele o meu novo nome" (v. 12). Isso significa que Deus confirma e garante a Sua promessa, selando-a completamente em Seu nome, o nome da Nova Jerusalém e no novo nome do nosso Senhor.

O novo nome do nosso Senhor é "Rei dos reis e Senhor dos senhores." É o nome glorioso dado ao Senhor Jesus, que completou a providência da salvação humana, redimindo-nos dos nossos pecados, ressuscitando e ascendendo aos céus (Filipenses, 2:9-11).

## Qualificações para Entrar na Nova Jerusalém

Jerusalém foi a capital de Israel. Foi onde os reis de Israel residiram. Todos os sacrifícios que eram oferecidos a Deus eram feitos no Santo Templo de Deus, na cidade de Jerusalém. Entretanto, a Nova Jerusalém não é como a Jerusalém dessa terra, que desaparecerá no fim. A Cidade Santa, Nova Jerusalém, é eterna e é onde o Santo Deus reside (Apocalipse, 21:1-2).

Somente aqueles que são completamente santificados e fiéis na terra podem entrar na Nova Jerusalém. Lá, Deus permitirá que eles tenham eterna glória. É por isso que a cidade é também conhecida como a 'Cidade da Glória'. A promessa dessa esperança não apenas se aplica à Igreja de Filadélfia, mas a todas as igrejas e crentes que agem como a Igreja de Filadélfia e seus membros.

No entanto, não podemos entrar lá, se não formos fiéis ao máximo e tivermos uma medida de fé completa. Temos de alcançar a santificação total, sem ter nenhuma forma de maldade dentro de nós e ser fiéis em toda a casa de Deus. Só podemos entrar lá, se tivermos o nível mais alto de fé, e isso não acontece de um dia para o outro, nem é feito só com as nossas próprias forças.

Na Bíblia, os pais da fé, que foram considerados dignos de entrar na Nova Jerusalém, vieram a ser como ouro puro, ao passarem por severas provações de refinamento dentro da providência de Deus. Eles cumpriram seus deveres, que não poderiam ser cumpridos por pessoas comuns, até morrendo, se necessário. Só com esse tipo de coração é que eles puderam se qualificar para entrar na Nova Jerusalém.

Portanto, que guardemos a palavra da perseverança sem vacilar, ainda que a nossa fé seja pequena. Que não apenas recebamos provas de que Deus nos ama, santificando-nos e sendo completamente fiéis, mas também recebamos a bênção de nos tornarmos uma coluna em Nova Jerusalém.

# Capítulo 7

# Igreja de Laodiceia

## - Uma Igreja Grande que não era Nem Quente Nem Fria

A Igreja de Laodiceia desfrutava de uma vida rica financeiramente, mas estava em um estado de desgraça. Espiritualmente, seus membros estavam em provações, cegos e nus. O Senhor os repreendeu por não serem nem frios nem quentes, e lhes disse para serem mais fervorosos e se arrependerem.

Essa é a palavra dada às igrejas de hoje, que não tentam ser mais entusiasmadas ou se transformar dizendo: "Somos ricos e não nos falta nada."

"E ao anjo da igreja que está em Laodiceia escreva:
Isto diz o Amém, a testemunha fiel e verdadeira, o
princípio da criação de Deus:

Conheço as suas obras, sei que você não é frio nem
quente. Melhor seria que você fosse frio ou quente!
Assim, porque você é morno, não é frio nem quente,
estou a ponto de vomitá-lo da minha boca. Você diz:
'Estou rico, adquiri riquezas e não preciso de nada.'
Não reconhece, porém, que é miserável, digno de
compaixão, pobre, cego, e que está nu. Dou-lhe este
conselho: Compre de mim ouro refinado no fogo, e
você se tornará rico; compre roupas brancas e vista-
se para cobrir a sua vergonhosa nudez; e compre
colírio para ungir os seus olhos e poder enxergar.
Repreendo e disciplino aqueles que eu amo. Por isso,
seja diligente e arrependa-se.

Eis que estou à porta e bato. Se alguém ouvir a minha
voz e abrir a porta, entrarei e cearei com ele, e ele
comigo. Ao vencedor darei o direito de sentar-se
comigo em meu trono, assim como eu também venci
e sentei-me com meu Pai em seu trono. Aquele que
tem ouvidos ouça o que o Espírito diz às igrejas."

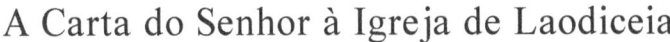

# A Carta do Senhor à Igreja de Laodiceia

"E ao anjo da igreja que está em Laodicéia escreva:
Isto diz o Amém, a testemunha fiel e verdadeira, o
princípio da criação de Deus:" (Apocalipse, 3:14, Almeida
Corrigida e Revisada Fiel Ed. 1994).

O evangelho foi pregado em Laodiceia por Epafrodito, colega de trabalho do apóstolo Paulo. Paulo também tinha um interesse em Laodiceia (Colossenses, 4:15-16). A Igreja de Laodiceia foi estabelecida sob condições favoráveis. O meio onde estava era bom, mas ao invés de crescer espiritualmente, seus membros estagnaram com a tentação do dinheiro e conforto que tinham. O Senhor precisou repreendê-los por serem mornos.

A igreja da Laudiceia foi a que recebeu admoestação sem elogio do Senhor. A Igreja de Sardes foi repreendida, mas havia algumas pessoas que não tinham sujado suas vestes. Entretanto, a Igreja de Laodiceia só foi repreendida.

## O Amém, a Testemunha Fiel e Verdadeira

As Escrituras falam que o Senhor, que está escrevendo ao anjo da Igreja de Laodiceia, é "O Amém, a Testemunha fiel e verdadeira, o Soberano da criação de Deus" (v. 14). O Senhor disse só 'Sim' e 'Amém' diante do Pai. Não houve desobediência com 'Não'. Jesus é Deus em Sua natureza, mas não usurpou ser igual a Ele; veio à terra em forma de homem.

Até que o glorioso Filho de Deus fosse desprezado e rejeitado por Suas próprias criaturas e crucificado, só havia 'Sim' Nele (Filipenses, 2:6-8). É por isso que 2 Coríntios, 1:19 diz: *"pois o Filho de Deus, Jesus Cristo, pregado entre vocês por mim e também por Silvano e Timóteo, não foi sim e não, mas nele sempre houve sim."*

Nós, como filhos de Deus, devemos ser capazes de dizer apenas 'Sim' e 'Amém' diante Dele. Devemos considerar como nada nossas ideias, teorias, ou qualquer outra coisa que achamos estar certa, e obedecer à palavra de Deus. Muitos crentes não creem ou obedecem de fato à palavra de Deus, quando ela não está de acordo com seus próprios pensamentos.

Às vezes, no princípio, parecem obedecer à palavra, mas quando se deparam com alguma dificuldade, mudam de ideia em seu pensamento carnal. Isso se torna a razão pela qual essas pessoas não conseguem experimentar a obra de Deus, nem glorificá-lo.

Em 2 Coríntios, 1:20, está registrado: *"pois quantas forem as promessas feitas por Deus, tantas têm em Cristo o sim. Por isso, por meio dele, o Amém é pronunciado por nós para a glória de Deus.* Como o Senhor fez, quando obedecemos apenas com um 'Sim' e 'Amém', Deus nos garante o resultado da nossa obediência. Dessa forma, poderemos viver vidas que só glorificam a Deus.

Depois, o Senhor é "a Testemunha fiel e verdadeira". O homem fiel não insiste em suas próprias ideias, nem procura seus próprios benefícios. Nele só há 'Sim' e 'Amém'. Por exemplo, quando o rei dá uma ordem, o servo fiel a executa, ainda que saiba que vai morrer.

Uma vez que o Senhor Jesus foi fiel, Ele só obedeceu com 'Amém', a ponto de morrer, e, no fim, Ele cumpriu completamente todas as profecias do Velho Testamento em relação ao Messias. Logo, o Senhor executou fielmente a palavra de Deus e se tornou a verdadeira Testemunha do fato de que a promessa de Deus está completamente cumprida.

## O Senhor e o Princípio da Criação

O Senhor é o 'Princípio da criação de Deus'. Colossenses.

1:15-17, diz: *"Ele é a imagem do Deus invisível, o primogênito de toda a criação, pois nele foram criadas todas as coisas nos céus e na terra, as visíveis e as invisíveis, sejam tronos ou soberanias, poderes ou autoridades; todas as coisas foram criadas por ele e para ele. Ele é antes de todas as coisas, e nele tudo subsiste."*

Originalmente, todo o universo e tudo o que nele há foi criado com a palavra de Deus. O evangelho de João, 1:1, diz: *"No princípio era aquele que é a Palavra. Ele estava com Deus, e era Deus."* O Senhor é o mesmo em origem com Deus, e a Palavra que veio ao mundo em carne foi Jesus. Portanto, o Senhor é o Princípio da criação de Deus.

Mas então, por que o Senhor diz que Ele é "o Amém, a Testemunha fiel e verdadeira, o princípio da criação de Deus", antes de começar a falar com a Igreja de Laodiceia? É para confirmar que toda a palavra de Deus certamente será cumprida e que o julgamento de Deus é certo e justo.

O Senhor, que é o Princípio da criação de Deus e cumpriu completamente toda a Sua palavra com 'Sim' e 'Amém', quer nos lembrar do fato de que a palavra dada à Igreja de Laodiceia também será cumprida.

## Casos de Hoje como a Igreja de Laodiceia

Quando a igreja ora muito e trabalha fielmente pelo reino de Deus, Ele lhes dá avivamento e bênçãos financeiras. Ele dá a cada membro as bênçãos merecidas. Existem algumas igrejas hoje que fazem mal uso das bênçãos dadas por Deus, isto é, usam-nas para ceder ao mundo e se comprometer com ele.

À medida que uma igreja cresce em tamanho, ela também cresce em riqueza, fama e autoridade social. Se então eles negligenciarem as obras de Deus e seguirem mais a fama e a riqueza, eles estarão agindo, vivendo e brincando de migrar entre Deus e o mundo. Ao invés de se interessarem em salvar mais almas e aumentar o reino de Deus, eles se comprometem com o mundo. Cada vez mais associados com o mundo, eles se unem aos que têm fama, riqueza e autoridade.

Obviamente, isso não significa que temos de boicotar ou excluir aqueles que têm riqueza, fama e autoridade no mundo. É claro que temos de abraçá-los com o amor de Cristo, ter companheirismo com eles e plantar fé em seus corações, para glorificar a Deus. Se for desse jeito, isso certamente é algo bom.

Entretanto, sem o interesse genuíno desse propósito, mas só querendo cada vez mais riqueza, fama e autoridade, algumas igrejas se comprometem com o mundo. O Senhor está reprovando essas igrejas, dizendo que elas são mornas.

# A Repreensão do Senhor à Igreja de Laodiceia

"Conheço as suas obras, sei que você não é frio nem quente. Melhor seria que você fosse frio ou quente! Assim, porque você é morno, não é frio nem quente, estou a ponto de vomitá-lo da minha boca. Você diz: 'Estou rico, adquiri riquezas e não preciso de nada.' Não reconhece, porém, que é miserável, digno de compaixão, pobre, cego e que está nu" (Apocalipse, 3:15-17).

Naquela época, a lã era abundante em Laodiceia. Eles eram tão ricos que tinham bancas comercias desde os primeiros dias de sua história. Mesmo no grande terremoto de 17 D.C, diferente de outras cidades, eles conseguiram se recuperar e ajudar o governo central do Império Romano.

A Igreja de Laodiceia cresceu nessa riqueza, e seus membros foram reprovados pelo Senhor, por não serem nem quentes nem frios, mas mornos. O Senhor lhes falou para serem ou quentes ou frios, senão Ele lhes vomitaria de Sua boca.

## Fé Morna, Nem Quente Nem Fria

Quando esquentamos água fria com fogo, ela fica quente, mas quando paramos de enquentá-la, ela fica morna e depois fria. Então, o que é ser frio, quente e morno na fé? 'Ser frio' em espírito é 'não ter obras do Espírito Santo no coração'; é a condição em que não se tem nenhuma conexão com a salvação.

Às vezes, entre as pessoas que frequentam a igreja, há quem não tenha recebido o Espírito Santo e, assim, não sabe o que é a fé verdadeira e não entende o que é a salvação. Há também entre cristãos quem tenha recebido o Espírito Santo, mas não se livrou de seus desejos pelo mundo, apagando o Espírito e voltando para a velha vida. O Senhor diz que tais pessoas que se distanciam da salvação são 'frias.'

Por outro lado, 'ser quente' indica que o status da fé daqueles que receberam o Espírito Santo está crescendo ao serem fortalecidos espiritualmente a cada dia. Quando abrimos a porta dos nossos corações e recebemos o Espírito Santo, conseguimos entender a palavra de Deus com a Sua ajuda. À medida que conhecemos mais de Deus e tentamos seguir a verdade de pouco a pouco, ficamos cheios do Espírito Santo e recebemos graça e força de Deus e, gradualmente, nós passamos a ser espirituais em toda situação.

Uma vez que lutamos contra o pecado pela palavra de Deus, a ponto de derramar sangue, a carne morre e o espírito cresce; nós nos sacrificamos fervorosamente para alcançar o reino de Deus. Além disso, como o Senhor diz em Marcos, 12:30, nos tornamos capazes de amar a Deus de todo o nosso coração, mente e força. Essa é a fé 'quente.'

Quente ou frio não indica a medida da fé. Não é necessariamente verdade que crentes leigos têm uma fé fria, nem que crentes que vão à igreja há muito tempo, ou têm um título na igreja, têm uma fé quente.

Mesmo que alguém tenha só um pouco de fé e não siga a verdade perfeitamente, contanto que dê o máximo de si para cumprir a vontade de Deus, de acordo com a medida de sua fé, pode-se considerar que sua fé é 'quente.'

Obviamente, quando se tem apenas uma pequena medida de fé, de tempos em tempos se cometem não apenas coisas da carne, mas também as obras da carne. Em outras palavras, aqueles que não se livraram completamente da ira podem não conseguir se controlar. Assim, uma 'coisa da carne' pode ser tornar uma 'obra da carne', quando se iram e batem boca em ação.

No entanto, nesse caso, se eles se arrependerem na mesma hora, mudarem de atitude e continuarem mudando, sua fé não é considerada fria, isto é, quando eles se examinam continuamente, oram, jejuam e se esforçam para obedecer à palavra de Deus, Deus considera sua fé como uma fé quente.

No entanto, se a pessoa não tenta se transformar, mesmo sendo cristã por um bom tempo, ou se perde, mesmo conhecendo bem a vontade de Deus, sua fé é fria. O problema é esse: não se tem uma fé fria de uma hora para outra. Primeiro, a fé fica morna despercebidamente e, eventualmente, fica fria.

A fé morna é indicada pela fé que fica estagnada, sem esquentar, mesmo a pessoa sabendo que Deus vive e que o céu e o inferno existem. Com esse tipo de fé morna, apesar de a pessoa ir à igreja achando que tem fé, não há comunicação entre ela e o Espírito Santo. Portanto, a voz Dele não pode ser ouvida e ela não pode ser guiada por Ele. Essa pessoa não consegue se encontrar, mesmo ouvindo a palavra de Deus.

Ela vai à igreja porque sabe que, se sua fé se esfriar, ela vai para o inferno. Contudo, mesmo assim, ela não se sacrifica pelo Senhor. Não tenta dar as coisas ao Senhor e, assim, sua fé não esquenta. Além do mais, como ela não circuncida o seu coração, não há mudança em sua vida. Ela pode parecer ser fiel por fora, mas como o seu coração não é circuncidado, mesmo sendo cristão há muito tempo, não há mudança entre agora e há 1, 5, ou 10 anos. Essa pessoa não tem nada diferente de pessoas mundanas.

Se ela se sentir confortável na condição de uma fé morna e não voltar atrás, sua fé eventualmente será uma fé fria. É como a água morna, que não fica morna o tempo todo, mas se esfria, à medida que o tempo passa. Portanto, quando as pessoas têm uma fé morna por muito tempo, elas passam a não ter mais nada a ver com a salvação e, eventualmente, vão para um caminho de morte. É por isso que o Senhor diz: "estou a ponto de vomitá-lo da minha boca."

## A Séria Advertência do Senhor Em Relação à Fé Morna

Crentes jamais devem apagar o Espírito Santo com uma fé que se esfria. A fé fria corta o relacionamento com Deus, fazendo a salvação ser impossível para quem a tem. Também não podemos ter uma fé morna. Quando adverte sobre a fé morna, por que o Senhor diz: "Melhor seria que você fosse frio ou quente" ao invés de "Melhor que fosse quente"? É porque Ele está ansioso para nos fazer entender o quanto devemos nos guardar da fé morna.

Digamos que a nossa fé se esfrie. Então, podemos ter a chance de nos arrepender e voltar para a fé quente com disciplina. Por exemplo, quando pecamos e Deus para de olhar por nós, podemos ficar doentes. Podemos sofrer acidentes e até desastres. Com esse tipo de disciplina, podemos ter a chance de rasgar o nosso coração em arrependimento e recuperar a fé. Contudo, quando a nossa fé é morna, não é fácil ter uma chance assim. Mas isso não significa que devemos ter uma fé fria. Na verdade, quando somos disciplinados ao termos uma fé fria, não é fácil arrepender e voltar atrás, pois temos medo e sentimo-nos magoados, ao invés de sentirmos o amor de Deus. Além do mais, como é tolo e doloroso se arrepender e voltar atrás, depois de se deparar com algo trágico ou desastroso! Apesar de podermos ser perdoados por Deus, não é fácil recuperarmos o relacionamento com Ele, depois de quebrado.

## A Fé Morna é Um Estado Sério de Estagnação da Fé

Se vista a partir de uma perspectiva diferente, a fé morna pode ser considerada como a estagnação completa da fé, principalmente para aqueles que estão no 3º nível de fé, que devem ser capazes de olhar para dentro de si mesmos mais criticamente. O 1º nível de fé é o nível daqueles que acabaram de aceitar o Senhor e têm fé para receber a salvação. O 2º nível é daqueles que ouvem a palavra de Deus e tentam viver de acordo com ela. O 3º é, de certa forma, a fé madura. No 3º nível, a pessoa consegue praticar a palavra de Deus que ouviu.

Ao recebermos o Espírito Santo e vivermos vida diligente na fé, alcançamos a entrada do 3º nível de fé facilmente. Até melhor, se formos a uma igreja, que tem reuniões cheias do Espírito e orações com a palavra da verdade, a nossa fé pode crescer rapidamente em um curto período de tempo.

Contudo, ao entrarmos no 3o nível de fé, é hora de começar a cultivar o coração invisível em vez de obras visíveis. Logo, precisamos fazer maiores esforços com o nosso coração, mente e força. Quando vamos a cultos de adoração, temos de adorar em espírito e em verdade, com todo o coração e mente. E temos de orar ainda mais fervorosamente do fundo do nosso coração, para que ele produza um aroma agradável.

Quando cumprimos o nosso dever, o nível de fidelidade deve ser diferente de quando éramos recém-convertidos. Em outras palavras, mesmo quando fazemos o mesmo dever, quanto maior a nossa fé, mais fiéis devemos ser nas nossas obrigações, fazendo-as cada vez com mais amor e bondade.

As expectativas dos pais em relação a seus filhos são diferentes, quando eles são apenas pequenas crianças e adultos.
Até mesmo o mesmo o perfume difere no preço, dependendo da concentração. Uma pequena quantidade de uma essência original concentrada é muito cara. Mas quando diluída, com o aumento do volume, o preço cai.
Da mesma maneira, a quantidade de obras que temos diante do Pai pode parecer a mesma, mesmo com o crescer da nossa fé; mas sua qualidade deve ser melhor, com mais amor e bondade espirituais.

## Exemplos de Estagnação da Fé

Teoricamente, podemos entender bem essas coisas, mas é fácil deixar de observá-las no nosso verdadeiro dia-a-dia. Uma vez que nossas obras exteriores parecem ser as mesmas que as de antes, podemos deixar de perceber que precisamos oferecer a Deus mais do nosso coração, que é interior, invisível. Assim, mesmo se acostumássemos ter vida cristã diligente na graça de Deus, poderíamos perder a plenitude do Espírito Santo e acabar tendo uma vida na fé, que é apenas um hábito.

Podemos deixar de ir uma ou duas vezes àqueles cultos ou reuniões de oração que frequentávamos diligentemente. Ou, se vamos e nossa adoração se torna habitual, não ficamos cheios de alegria e da inspiração do Espírito Santo. Então, só o nosso corpo físico está presente.

Antes, glorificávamos a Deus com alegria, mas agora o fazemos como se fosse um dever. Às vezes, achamos as coisas difíceis ou pesadas. Quando a plenitude do Espírito Santo se vai, nosso coração fica vazio e aflígido. Eventualmente, podemos cometer obras da carne e construir um grande muro de pecado entre nós e Deus.

Se chegarmos a esse ponto, não será fácil recuperar nosso fervor, mesmo que nos demos conta do nosso status atual. Como não há graça de Deus em nossos corações, sequer concebemos a ideia de marcharmos com uma fé quente. Só queremos viver confortavelmente na carne.

Então, nós abrimos mão da esperança de entrar na Nova Jerusalém, onde todos aqueles que se despojaram completamente da maldade em seus corações e foram fiéis em toda a casa de Deus podem entrar. Pensamos: "Bom, pelo menos posso entrar no 1º reino dos céus", ou "Só de eu ser salvo, já está bom."

A razão de a fé morna ser tão perigosa é que não podemos mantê-la morna, pois, eventualmente, ela se esfria completamente. Se pararmos de esquentar a água quente, ela ficará morna e depois fria. Um outro modo de olhar para isso é como não remar o barco forte o bastante, quando se está no meio do rio. Ele não ficará lá parado, mas descerá rio abaixo.

Foi o caso do rei Asa, rei de Judá. Nos primeiros 35 anos depois que ele assumiu o trono, ele foi um rei que dependia de Deus. Quando sua mãe adorava a ídolos, ele os removia. Preocupado porque o povo poderia seguir seu exemplo, ele até a depôs da posição de rainha-mãe.

Mas durante os últimos anos de seu reinado, sua fé se deteriorou. Antes, independente da força dos seus inimigos, ele dependia só de Deus e os derrotava. Mas depois, quando um inimigo invadia seu território, ele começou a depender do homem. Ele chegou até a pedir ajuda a um rei gentio. O rei Asa foi repreendido por Deus através do profeta Ananias, e não se arrependeu ou voltou atrás, mas perseguiu e prendeu o profeta. Por causa desse incidente, Asa foi punido e seus pés foram acometidos por uma séria doença.

Se ele tivesse mantido sua fé e confiança em Deus, como o Deus de amor e misericórdia, ele poderia ter entendido que Deus o puniu, porque Ele o amava. Poderia ter visto que Deus queria dar-lhe uma chance para mudar de atitude. Contudo, o rei não se apegou ao amor de Deus, mesmo depois de punido por Ele, mas tentou evitá-Lo. Ele dependeu de médicos do mundo e, eventualmente, morreu. Esse caso demonstra claramente o resultado final de se ter uma fé morna.

## O Perigo de Ter uma Fé Morna

Há um ditado que diz: "A vaca acha que nunca foi bezerro." Ele se refere à pessoa que superou uma situação difícil com ajuda de outras, e não se lembra mais das dificuldades que já teve na vida. Ela até se esquece da ajuda que recebeu. O mesmo pode se aplicar à vida de um cristão. Digamos que uma pessoa estava em uma situação difícil com muitos problemas, mas orou fervorosamente a Deus e recebeu Sua graça e bênção. No entanto, depois, ao invés de viver uma vida cristã mais diligente, ela se esquiva da presença de Deus e se torna amiga do mundo novamente.

É por isso que Deus quer primeiro nos dar a bênção para a nossa alma ser próspera, para depois dar a bênção para o resto ir bem. Quando nossa alma é próspera, a nossa fé não esfria nem vacila.

Digamos que uma pessoa não tem a alma próspera ainda. Se ela demonstrar sua fé da melhor forma que puder e plantar com oração, com a fé do seu nível, é justiça de Deus que ela colha o fruto.

Deus certamente lhe dará a bênção da alma próspera e permitirá que colha o que plantou pela fé, naquele momento. Se as pessoas só pudessem receber uma bênção depois que suas almas fossem prósperas, como poderia alguém ser abençoado?

Mas o importante é o "DEPOIS" de receber uma resposta e bênção. Dependendo de como levam suas vidas cristãs, sua resposta e bênção podem dar frutos completos, ou podem desaparecer completamente.

Logo, o que é realmente importante é o tipo de vida que temos depois que recebemos bênçãos de Deus. Se simplesmente ficarmos satisfeitos com a situação, esfriarmos na fé e nos voltarmos para o mundo, a fim de ter mais riqueza e fama, seremos repreendidos pelo Senhor.

A característica mais significante e fundamental da fé morna é que ela tenta ficar em cima do muro que há entre Deus e o mundo. Em outras palavras, enquanto a pessoa tenta ficar com um pé no mundo e o outro aparentemente na fé, ela escolhe o lado que mais a beneficiará, dependendo da hora e da situação.

O Senhor também diz em Lucas, 16:13: *"Nenhum servo pode servir a dois senhores; pois odiará um e amará outro, ou se dedicará a um e desprezará outro. Vocês não podem servir a Deus e ao Dinheiro."*

Aqui, 'dinheiro' não se refere apenas às coisas materiais do mundo, mas simboliza o mundo e as suas coisas. Jesus diz que não podemos amar o mundo, as suas coisas e a Deus ao mesmo tempo (1 João, 2:15).

Algumas pessoas acham que é sábio "ficar em cima do muro" em suas vidas cristãs, mas estão muito erradas. Isso é muito tolo. Deus diz que Ele vomitará tais pessoas de Sua boca (Apocalipse, 3:16). Vomitar aqui significa que Ele não as reconhecerá como Suas filhas e que elas não serão salvas. Isso é uma advertência muito forte.

## A Igreja de Laodiceia Era Rica em Espírito

A primeira das bem-aventuranças diz: *"Bem-aventurados os pobres em espírito, pois deles é o Reino dos céus"* (Mateus, 5:3). Os pobres em espírito têm corações humildes. Eles têm sede de buscar a Deus e colocar a sua confiança Nele.

Mas aqueles que são ricos em espírito são cheios de arrogância, orgulho, egoísmo e desejos. Eles não buscam a Deus, mas só tentam encher seus corações com coisas mundanas.

Há pessoas que começaram suas vidas cristãs, sendo pobres em espírito, mas, com o passar do tempo, seus espíritos ficaram ricos. Como os atributos carnais, que elas reprimiam, ressurgem, seus corações são estimulados a buscar coisas mundanas. Não é de se surpreender que a fé dessas pessoas se torne uma fé carnal, quando vierem a possuir dinheiro, fama e autoridade.

Elas parecem estar levando vida de fé, mas não têm nenhum anseio ou sede pela verdade. Gradualmente elas oram menos e, finalmente, param de orar. Agora, elas não fazem nada com fé, mas sua fé é demonstrada apenas como formalidade. Elas priorizam seu próprio trabalho e os trabalhos do mundo, ao invés de Deus e Suas obras. Elas dizem: "Sou rico e não me falta nada."

## Espiritualmente Pobre, Cego e Nu

O Senhor diz: "Não reconhece, porém, que é miserável, digno de compaixão, pobre, cego e que está nu" (v. 17). Se essas pessoas identificarem e reconhecerem seus erros, elas receberão a chance de mudar de atitude e grudarem em Deus. Mas, como pessoas que têm uma fé morna, elas pensarão consigo mesmas que são muitas ricas. Logo, elas são incapazes de identificar seus erros e, assim, não podem reconhecê-los.

O Espírito Santo geme, mas elas não reconhecem. Então, elas não tentam ser fervorosas ou mudar. Pode não lhes faltar nada em um sentido físico, mas se continuarem indo por esse caminho, acabarão longe da salvação. É por isso que elas são miseráveis. Além disso, o dinheiro que elas têm nessa terra é apenas temporário. Aqueles que armazenam recompensas no reino dos céus é que são verdadeiramente ricos.

Aqueles, cuja fé é morna, não são fiéis aos olhos de Deus. Eles não plantam diante Dele, pois seu desejo ardente é pelo dinheiro. Em resumo, eles não acumularam nada no céu. Portanto, mesmo se arrependerem, receberem a mera salvação e forem para o céu, eles não terão nenhuma recompensa para receber. Por isso, pessoas assim são 'pobres.'

Aqueles que entendem a palavra espiritualmente terão absoluta esperança pela vida eterna. Assim, eles seguirão a palavra diligentemente e sairão das trevas, indo para a luz. Além do mais, a fim de acumularem tesouros no céu, eles serão fiéis e plantarão entusiasmadamente para o reino de Deus.

Aqueles, por sua vez, que têm uma fé morna, não sabem do mundo espiritual. Em vez de ter esperança pela vida que está por vir, eles só veem a realidade do mundo à sua volta. É isso que é ser cego espiritualmente.

Aqueles que são cegos espiritualmente não conseguem ver a escuridão que há dentro de si e permanecem nas trevas (Mateus, 6:22-23). Portanto, eles não conseguem colocar a veste da justiça que será digna dos filhos de Deus. É por isso que eles também são chamados de 'nus'. A veste representa o coração do homem. 'Vestir a veste da justiça' significa 'circuncidar o coração e ter um coração justo.'

Entretanto, uma vez que aqueles que têm uma fé morna não circuncidam seus corações nem vivem pela palavra de Deus, seus corações ainda são cheios de maldade e eles vivem nas trevas. Isso é para revelar a vergonha de sua nudez espiritualmente.

Vestir lindas e esplendorosas roupas por fora não significa que há beleza do lado de dentro. Se as pessoas não circuncidam seus corações, mas continuam com maldade dentro de si, independente da beleza das roupas que estejam usando por fora, elas estão revelando a vergonha de sua nudez na perspectiva de Deus.

Nós usaremos linho fino branco no céu onde não há escuridão, e o linho fino são os atos justos dos santos (Apocalipse, 19:8). O céu é somente para aqueles que vivem pela palavra de Deus, tiram as roupas da carne que estão manchadas pelo pecado e colocam a linda veste de justiça (Mateus, 22:10-14).

Sendo assim, a fim de entrarmos no céu como uma linda noiva que receberá o Senhor, temos de nos adornar diligentemente como uma noiva e vestir o linho fino. Para tal, precisamos viver uma vida cristã sem uma fé morna. Não podemos ter nada a ver com uma vida miserável, digna de compaixão, pobre, cega e nua.

# O Conselho do Senhor à Igreja de Laodiceia

"Dou-lhe este conselho: Compre de mim ouro refinado
no fogo, e você se tornará rico; compre roupas brancas
e vista-se para cobrir a sua vergonhosa nudez; e compre
colírio para ungir os seus olhos e poder enxergar.
Repreendo e disciplino aqueles que eu amo. Por isso,
seja diligente e arrependa-se" (Apocalipse, 3:18-19).

A Igreja de Laodicéia não percebia o que lhe faltava. Tudo que seus membros pensavam é que eram ricos. O Senhor ainda assim queria que eles se arrependessem e mudassem de atitude. Com o Seu conselho, Ele está dizendo mais detalhadamente como eles são pobres, cegos e nus espiritualmente.

## O Senhor Quer que Nós Tenhamos a Fé de Ouro Refinado

Primeiro, Ele diz: "Dou-lhe este conselho: Compre de mim ouro refinado no fogo e você se tornará rico" (v. 18). Assim como as pessoas do mundo valorizam muito o ouro, o Senhor compara a fé ao 'ouro refinado pelo fogo', já que a fé é a coisa mais preciosa na vida cristã.

Logo, 'compre de Mim ouro refinado no fogo, e você se tornará rico' significa 'possuir uma fé que é imutável como o ouro'. Só quando temos fé podemos ser salvos, ir para o céu e receber respostas para o que quer que pedirmos (Mateus, 9:29).

Não deve ser somente da boca para fora. Nossa fé deve ser acompanhada por obras de quem vive segundo a palavra de Deus. Tal fé é chamada de fé espiritual. Na Bíblia, essa fé é comparada ao ouro, ou ao puro ouro.

Logo, aqueles que têm fé espiritual definitivamente crerão na palavra de Deus, sob qualquer circunstância e a seguirão. O profeta Elias, em 1 Reis, capítulo 18, tinha uma fé assim. Foi ele quem trabalhou durante o reinado do rei Acabe, no reino norte de Israel.

Um dia Deus disse ao profeta Elias que Ele mandaria chuva à terra de Israel, que estava na seca há 3 anos e meio. Elias creu

266

naquela palavra, foi até o Monte Carmelo, dobrou-se até o chão e orou ao Senhor fervorosamente até seu rosto ficar entre os seus joelhos. Ele orou sete vezes e finalmente recebeu a resposta com uma forte chuva.

O número 7 significa 'ser perfeito e completo.' O fato de ele ter sido respondido na 7ª vez significa que ele creu até o fim, orou e recebeu a resposta. Mesmo se não tivesse havido resposta na 7ª vez, Elias teria continuado orando até ser respondido.

É por isso que Elias cria absolutamente na palavra que Deus outrora havia lhe falado. Crer em Deus até o fim caracteriza a fé espiritual, que é como o ouro refinado.

Mas esse tipo de fé não pode ser dado facilmente. Assim como as pessoas do mundo precisam refinar o ouro com fogo até obter ouro puro, é necessário que haja um processo de refinamento em nossas vidas, para que a nossa fé seja pura como o ouro.

Precisamos vencer muitas provações e aflições, lutar contra o pecado, a ponto de derramar sangue, e precisamos ficar firmes vivendo na palavra de Deus com perseverança. Com esse processo de refinamento, podemos ter a fé, que é pura como o ouro.

## Olhos Espirituais e Santidade no Coração

A Igreja de Laodiceia era rica no coração e nua no espírito. O

Senhor disse a seus membros: "compre roupas brancas e vista-se para cobrir a sua vergonhosa nudez" (v. 18). Aqui, roupas brancas representam as obras santas dos santos. E as obras santas vêm de um coração santo.

Como o Senhor diz em Mateus, 12:34: *"Pois a boca fala do que está cheio o coração "*, o que está no nosso coração se revela através de nossos lábios e obras. Hipócritas, que não santificam seu coração, mas demonstram santidade por fora, não podem se esconder diante de Deus. Deus vasculha seus corações e a maldade que está neles será eventualmente revelada.

Logo, 'vestir-se com vestes brancas' significa 'livrar-se do coração obscuro cheio de inverdade e cultivar um coração branco, cheio de verdade'. Só quando fazemos isso é que somos capazes de colocar as vestes de justiça, para que a vergonha de nossa nudez não seja revelada.

Contudo, quantas pessoas hoje revelam a vergonha de sua nudez sem perceberem que estão nuas? Há ainda pessoas que não têm vergonha nenhuma de fazerem coisas piores das que um animal faria.

Podemos ter um coração 'negro', que está sujo com pecados e, ainda assim, não nos damos conta das trevas que há em nós. Talvez tenhamos perdido o dever de homens que são feitos à imagem de Deus. Devemos saber que essas coisas são vergonhosas. É o mesmo que estar nu espiritualmente.

Alguns professam sua fé em Deus, mas sequer se dão conta de que estão espiritualmente nus. Tais pessoas estão cegas espiritualmente. O Senhor as aconselha: "e compre colírio para ungir os seus olhos e poder enxergar" (v. 18).

Quando vivemos pela palavra de Deus com fé, passamos a ouvir cada vez mais a voz do Espírito Santo. Passamos a saber o que é a verdade e o que é o pecado. Quando passamos a ter sentido espiritual, então podemos dizer que nossos olhos espirituais estão abertos.

Quando nossos olhos espirituais se abrem, conseguimos entender a palavra de Deus, ter esperança pelo céu, encontrar o nosso 'eu' segundo a palavra e nos transformar em verdade.

"Ter olhos espirituais abertos" também pode significar conseguir ver o mundo espiritual real. No entanto, o mais importante é entender a vontade de Deus, ouvindo a Sua palavra e nos transformando em pessoas cheias de verdade através do entendimento que recebemos.

Quando um homem tem seus olhos espirituais abertos, sabe sobre Deus e entende qual é a Sua vontade. Ele certamente não será amigo do mundo, mas fará de tudo para identificar as trevas que há em si, de acordo com a palavra, e se transformar em verdade.

Esse homem é o tipo de pessoa que vive na luz. Ele terá uma

amizade cada vez mais profunda com Deus e será amado por Ele cada dia mais.

## O Amor de Deus na Punição

A Igreja de Laodiceia recebeu sérias advertências e conselhos do Senhor. Depois, Ele os encorajou a saír da fé inadequada, dizendo mais uma vez: "Repreendo e disciplino aqueles que eu amo. Por isso, seja diligente e arrependa-se" (v. 19).

Essa frase mostra claramente a razão e o propósito da repreensão de Deus. Ele repreende, porque ama e o propósito de sua repreensão é fazê-los se arrepender profundamente e se tornar zelosos (Hebreus, 12:6-8).

Quando o filho está indo pelo caminho errado, se seus pais o amam, tentarão corrigi-lo, nem que seja com a vara. Se o filho não ouve o conselho de seus pais, os pais podem puni-lo, para que ele possa se lembrar daquilo. Se os pais se preocupam com a dor que seu filho vai sentir e não puni-lo, não podemos dizer que realmente o amam.

Houve uma pessoa assim na Bíblia também, Eli, sacerdote no tempo dos juízes em Israel, viu que seus dois filhos estavam praticando a maldade. Eles estavam denegrindo o santuário de Deus. Como sacerdote, Eli só lhes falou para não fazerem aquilo, sem puni-los de forma nenhuma.

As obras más de seus filhos continuaram e finalmente a ira de Deus caiu sobre eles. Seus dois filhos morreram em uma batalha e Eli ficou tão chocado com a notícia que caiu de sua cadeira e quebrou o pescoço, o que causou a sua morte.

A razão pela qual Deus permite que Seus filhos sejam punidos é porque Ele os ama. Se não houver repreensão ou punição depois que o filho pecar, ele não se dará conta de seus erros. Eventualmente, cairá em pecados mais sérios e, no fim, não lhe restará outro caminho, senão o de morte. Segundo a lei do mundo espiritual, "O salário do pecado é a morte." Devemos sentir esse amor do Pai em nossos corações. Se pudermos senti-lo, quando estivermos sendo punidos, conseguiremos nos arrepender, voltar atrás e mudar.

Por outro lado, se não nos dermos conta de nada, mesmo depois de alguns castigos, não haverá mais razão para a punição de Deus. Logo, não haverá mais castigo, mesmo que cometamos pecados mais tarde. Se o crente é próspero e não há punição em sua vida, mesmo quando não vive segundo a palavra, mas peca, significa que Deus não está olhando por ele. Assim, não existe situação mais infeliz que essa.

Se ele é um amado filho de Deus, quando ele vai pelo caminho errado, Deus não o deixa ir como um filho ilegítimo, mas o pune. O fato de o filho ser punido é, na verdade, uma bênção. O castigo pode ser assustador e de dar medo por algum momento, mas se ele pensar consigo mesmo: "Sem isso, em que me tornaria?", sentirá e entenderá o amor do Pai através da punição.

Isso não quer dizer, entretanto, que temos de ser punidos, sempre que fazemos algo de errado. Antes de Deus nos punir, Ele certamente nos dá várias chances. Ele tenta fazer com que nos demos conta do que fizemos através da palavra, nos admoestando, ou nos reprovando, de modo que possamos nos arrepender.

Se percebermos o nosso erro rapidamente, será bom. Se não formos punidos, ainda assim devemos ver que isso também é o amor do Pai. Então, devemos nos arrepender do fundo do coração e voltar atrás. Devemos recuperar a relação de confiança que tínhamos com Deus e começar a armazenar recompensas no céu de novo.

# A Promessa do Senhor Dada à Igreja de Laodiceia

"Eis que estou à porta e bato. Se alguém ouvir a minha voz e abrir a porta, entrarei e cearei com ele, e ele comigo. Ao vencedor darei o direito de sentar-se comigo em meu trono, assim como eu também venci e sentei-me com meu Pai em seu trono. Aquele que tem ouvidos ouça o que o Espírito diz às igrejas" (Apocalipse, 3:20-22).

Tanto a Igreja de Sardes como a Igreja de Laodiceia foram repreendidas. Mas Laodiceia recebeu só repreensão do Senhor. Contudo, tudo isso também é o amor de Deus. Assim, o Senhor deu-lhe uma palavra de promessa para que tivesse esperança.

Seus membros estavam dormindo espiritualmente e sua fé era morna. Dessa forma, o Senhor pediu-lhes para acordar ao ouvir Sua voz. Ele prometeu que, ao que vencesse, Ele daria o direito de sentar-se com Ele em Seu trono.

## Abra o Coração e Viva Segundo a Verdade

Há uma pintura de William Holman Hunt que mostra o Senhor batendo do lado de fora de uma porta. Nessa pintura, não há fechadura ou maçaneta para que Ele possa abrir a porta.

Quando o Senhor bate, a porta só pode ser aberta do lado de dentro. É um símbolo do Senhor batendo na porta do nosso coração.

Semelhantemente, o Senhor disse aos membros da Igreja de Laodiceia: *"Eis que estou à porta e bato. Se alguém ouvir a minha voz e abrir a porta, entrarei e cearei com ele, e ele comigo"* (v. 20).

Em primeiro lugar, o significado de "Eis que estou à porta e bato" é que o Senhor está batendo à porta do nosso coração, com a palavra da verdade. Quando ouvimos a palavra de Deus, temos de mantê-la em nosso coração. Para isso, primeiro, a palavra da verdade deve vir pela porta dos nossos pensamentos. Então, ela tem de entrar em nós através da porta do nosso coração.

Uma vez posta em nosso coração desta forma, podemos gradualmente viver pela palavra. Assim, isso é "cear com o Senhor". Contudo, se abrirmos a porta dos nossos pensamentos e aceitarmos a palavra, mas não abrirmos a porta do nosso coração, a palavra ficará apenas como mero conhecimento em nosso cérebro.

Essa é a então chamada "fé como mero conhecimento." É a fé morta que não é acompanhada por obras. Aqueles que a têm, eventualmente terão uma fé morna. Mesmo tendo tido uma vida cristã por muito tempo e ouvido muito a palavra, uma vez que eles não a cultivaram, seus corações não podem ter uma fé espiritual, isto é, a fé com a qual se crê do fundo do coração. Essas pessoas se tornam apenas frequentadoras de igreja.

Embora o Senhor seja soberano, Ele não obriga ninguém a abrir a porta de seu coração. Se Deus obrigasse a pessoa a fazer tal coisa e a forçasse a ter fé espiritual, haveria alguém nesse mundo que não poderia receber a salvação? Isso não seria uma cultivação humana feita com justiça.

Deus nos dá o livre arbítrio. Ele quer obter filhos verdadeiros, que crerão em Deus e O amarão do fundo de seus corações. Portanto, devemos entender que o Senhor bate à porta da nossa mente e coração, mas somos nós que temos de abri-la.

Se realmente amarmos a Deus, certamente abriremos a porta de nosso coração e cearemos com o Senhor, vivendo pela palavra da verdade.

## A Bênção de Sentar com o Senhor

Se abrirmos a porta do nosso coração e aceitarmos a palavra da verdade, comendo e bebendo com o Senhor, praticando a palavra, venceremos o mundo, o Diabo e Satanás.

A essas pessoas, o Senhor diz: *"Ao vencedor darei o direito de sentar-se comigo em meu trono, assim como eu também venci e sentei-me com meu Pai em seu trono"* (Apocalipse, 3:21). Assim como o Senhor, que venceu a autoridade da morte e sentou-se à direta de Deus, aqueles que vencerem também se sentarão no trono da salvação.

Apesar de o Senhor ter falado só palavras de repreensão à Igreja de Laodiceia, por causa de sua fé morna, Ele disse no final que a porta da salvação ainda estaria aberta para seus membros, se eles se arrependessem e voltassem atrás. Enquanto a porta da arca da salvação não se fechar completamente, ainda haverá chance. É por isso que o Senhor está falando assim com Ele, com um coração ardente.

Temos de vencer e continuar vencendo até o fim. Temos de caminhar pelo caminho estreito, por onde Jesus caminhou com alegria, gratidão e amor, sem vacilar até o fim. Só assim poderemos ficar ao lado do Senhor e desfrutar da glória, juntamente com Ele, no Último Dia.

Mas existem algumas pessoas que parecem vencer até certo ponto, mas então desistem no meio do caminho. Essas não poderão participar da bênção e da glória.

Que possamos examinar a nossa fé com a palavra que o Senhor deu à Igreja de Laodiceia. Se ela tem sido uma fé morna, que não hesitemos em nos arrepender e mudar de atitude. Que nós possamos estar no meio daqueles que terão vencido até o fim, ou melhor, que fiquemos bem perto do trono do Senhor, habitando nos melhores lugares no reino dos céus, que é tomado por esforço.

# Conclusão

O Amor de Deus Contido na Mensagem às Sete Igrejas

"Eis que venho em breve! Feliz é aquele que guarda as palavras da profecia deste livro" (Apocalipse, 22:7).

Os sentidos do homem não são perfeitos, e pilotos de caças podem experimentar o que chamam de 'desorientação espacial', que causa vários tipos de acidentes.

Se sobrevoando o mar, o piloto tivesse de girar, talvez não conseguisse distinguir o céu do mar. Ou, depois de voar em alta velocidade verticalmente e, de repente, reduzi-la, apesar de o caça continuar subindo, o piloto tem a impressão de estar caindo.

Para não ter desorientação espacial, pilotos precisam de gauges e escalas, para que assim saibam da velocidade e direção de acordo com os gauges, e não com os seus sentimentos.

É o mesmo com a nossa fé. Os pensamentos do homem, como criatura, e os pensamentos de Deus, o Criador, são bem diferentes. Logo, se vivermos nossa vida em Cristo como bem entendemos, podemos nos sentir desorientados. Foi o caso da maioria das sete igrejas encontradas no livro de Apocalipse.

Cada igreja tinha seu próprio fervor e pensava que estava fazendo a obra de Deus. No entanto, algumas receberam repreensão, e outras, conselho do Senhor.

Também hoje, muitas igrejas dizem adorar o Senhor, orar a Deus e amá-Lo, mas quantas delas estarão realmente agradando a Deus? As mensagens dadas às sete igrejas são um bom padrão para checarmos a nossa fé.

Podemos ver claramente quais igrejas são louvadas e elogiadas e quais igrejas são admoestadas pelo Senhor. Assim, devemos ver qual o tipo de igreja que frequentamos hoje.

Além disso, precisamos ver se estamos precisando receber a mesma repreensão que o Senhor deu a algumas igrejas. Se encontrarmos qualquer coisa, não devemos hesitar em nos arrepender e voltar a viver pela palavra.

Acima de tudo, temos de entender o fato de que as mensagens

às sete igrejas foram escritas no livro de Apocalipse. Isso é para despertar as igrejas que estão dormindo espiritualmente no fim dos tempos. É o amor de Deus, dando-lhes a oportunidade de se prepararem para a Volta do Senhor.

Mas, apesar de o Senhor ter-nos mostrado claramente como agir de forma a receber Seu louvor, através das mensagens às sete igrejas, se não obedecermos, obviamente de nada adianta.

O tempo da volta do Senhor, que ressuscitou e ascendeu aos céus, não está distante. No fim, certamente haverá um julgamento preciso das igrejas e pastores que as representam. Oro, em nome do Senhor, para que todos os leitores deste livro possam entender esse fato e ser membros de igrejas que possam ser elogiadas pelo Senhor.

## O Autor:
# Dr. Jaerock Lee

Dr. Jaerock Lee nasceu em Muan, Província Jeolla Sul, República da Coréia do Sul, em 1943. Aos vinte anos, Dr. Lee sofria de várias doenças incuráveis. Por sete anos seguidos esperou a morte sem esperança de recuperação. Um dia, durante a primavera de 1974, foi levado por sua irmã a uma Igreja e, quando se ajoelhou para orar, o Deus vivo imediatamente o curou de todas as enfermidades.

No momento em que Dr. Lee conheceu o Deus vivo através daquela incrível experiência, ele amou a Deus com todo o seu coração e sinceridade e, em 1978, foi chamado para ser servo de Deus. Ele orava tão fervorosamente que podia entender claramente a vontade de Deus e cumpri-la totalmente. Ele obedeceu à Palavra de Deus. Em 1982, fundou a Igreja Manmin Joong-ang, em Seul, Coréia do Sul. Inúmeras obras, incluindo curas milagrosas e maravilhas, tomaram lugar naquela Igreja.

Em 1986, Dr. Lee foi consagrado pastor na Assembléia Anual da Igreja Sungkyul e, quatro anos depois, em 1990, seus sermões foram transmitidos para Austrália, Estados Unidos, Rússia, Filipinas e muitos outros locais ao longo da Companhia de Transmissão do Extremo Oriente, a Estação de Transmissão Asiática e o Sistema de Rádio Cristão de Washington.

Três anos depois, em 1993, a Igreja Central Manmin Joong-ang foi escolhida uma das "Cinqüenta maiores Igrejas do Mundo" pela revista *Christian World* e o Dr. Lee recebeu o Doutorado Honorário em Divindade pela Escola da Fé Cristã, na Flórida, Estados Unidos. Em 1996, tornou-se P.H.D em Ministério pelo Seminário Teológico de Kingsway, em Iowa, nos Estados Unidos.

Desde 1993 Dr. Lee tem liderado a evangelização mundial através de muitas cruzadas internacionais na Tanzânia, Argentina, Los Angeles, Baltimore City, Havaí, Nova Iorque, Uganda, Japão, Paquistão, Quênia, Filipinas, Honduras, Índia, Rússia, Alemanha, Peru, República Democrática do Congo, Israel, e Estônia.

Em 2002, foi chamado de "pastor internacional" pelos maiores jornais cristãos da Coréia, por seu trabalho nessas cruzadas. Em especial, sua

'Cruzada de Nova Iorque 2006' realizada na Madison Square Garden, arena mais famosa do mundo, foi transmitida a 220 nações; e em sua 'Cruzada Unida de Israel 2009' realizada no Centro Internacional de Convenções em Jerusalém, ele proclamou corajosamente que Jesus Cristo é o Messias e o Salvador. Seu sermão é transmitido a 176 nações via satélites incluindo a GCN TV, e ele foi listado como um dos 10 Líderes Cristãos Mais Influentes de 2009 e 2010 pela popular revista russa In Victory e pelo *Christian Telegraph* por seu poderoso ministério de transmissão televisiva e de pastoreamento internacional.

Conforme dados de Julho de 2013, a Igreja Central Manmin tem uma congregação de mais de 120.000 membros. São 10,000 congregações e 56 congregações domésticas espalhadas pelo país e pelo mundo. Até hoje, mais de 129 missionários já foram enviados a 23 países, incluindo os Estados Unidos, Rússia, Alemanha, Canadá, Japão, China, França, Índia, Quênia e muitos outros.

Até hoje, Dr. Lee já escreveu 87 livros, incluindo os Best Sellers *Experimentando a Vida Eterna antes da Morte; Minha Fé Minha Vida I & II; A Mensagem da Cruz; A Medida da Fé; Céu I & II; Inferno* e *O Poder de Deus*. Suas obras foram traduzidas para mais de 75 línguas.

Suas colunas cristãs estão nos jornais *The Hankook Ilbo, The Chosun Ilbo, The JoongAng Daily, The Dong-A Ilbo, The Munhwa Ilbo, The Seoul Shinmun, The Kyunghyang Shinmun, The Korea Economic Daily, The Korea Herald, The Shisa News,* e *The Christian Press*.

O Dr. Lee é atualmente líder de várias organizações missionárias e associações: diretor na *The United Holiness Church of Jesus Christ,* o Jornal de Evangelização da Nação, Presidente na Missão Mundial de Manmin, Presidente Vitalício da Assosição Missão Mundial de Avivamento do Cristianismo; Presidente e Fundador da Rede Global Cristã (GCN), Fundador e Membro da Diretoria da Rede Mundial de Médicos Cristãos (WCDN); e Fundador e Membro da Diretoria do Seminário Internacional de Manmin (MIS).

### Céu I & II

Um esboço detalhado dos ambientes maravilhosos que os cidadãos do céu desfrutam e as lindas descrições dos diferentes níveis dos reinos celestiais.

### A Mensagem da Cruz

Uma poderosa mensagem para despertar todas as pessoas que estão dormindo espiritualmente. Nesse livro podemos ver porque Jesus é o único Salvador e encontrar o verdadeiro amor de Deus.

### Inferno

Uma mensagem profunda de Deus, que não deseja que nem uma alma sequer vá para as profundezas do inferno, a toda a humanidade! Você descobrirá coisas nunca antes reveladas sobre a cruel realidade do Ades e do inferno.

### Minha Vida Minha Fé I & II

Uma história comovente de como a fé verdadeira supera todo tipo de tribulação e atrai as obras de fogo do Espírito Santo na igreja.

### A Medida da Fé

Que tipo de lar celestial, coroa e recompensa estão preparados para você no céu? Esse livro fornece, com sabedoria, meios para você medir sua fé e cultivá-la de modo a torná-la melhor e mais madura.

www.urimbooks.com